U0485750

角落里的生机

图解幼儿园
自然角的
创设与变化

胡 洁 主编

华东师范大学出版社
·上海·

春夏篇

目　录

推荐序 / 4
前言 / 8

1 叶子
小班　密密的叶子／12
中班　不一样的叶子／16
大班　奇特的叶子／20

2 种子
24／小班　不一样的豆子
28／中班　种子乐园
32／大班　谁先发芽

3 植物与光
小班　蚕豆苗走迷宫／36
中班　黑白房子／40
大班　彩色小屋／44

4 植物与植物
48／小班　萝卜船
52／中班　大蒜和小白菜
56／大班　有趣的嫁接

5 植物与动物
小班　我们是好朋友／60
中班　观赏微型生态瓶／64
大班　自制微型生态瓶／68

6 趣味种植
72／小班　蛋壳里种绿豆
76／中班　有趣的植物之家
80／大班　旧皮靴里种花

7 蜗牛

84 / 小班　蜗牛吃什么
88 / 中班　蜗牛的便便
92 / 大班　蜗牛的爬行

8 蚂蚁

小班　蚂蚁喜欢吃什么 / 96
中班　圈圈里的蚂蚁 / 100
大班　蚂蚁的地下城堡 / 104

9 蝌蚪

108 / 小班　可爱的蝌蚪
112 / 中班　蝌蚪的新家
116 / 大班　蝌蚪变青蛙

10 蚕宝宝

小班　爱吃桑叶的蚕宝宝 / 120
中班　蚕宝宝长大了 / 124
大班　蚕宝宝长什么样 / 128

11 蚯蚓

132 / 小班　蠕动的蚯蚓
136 / 中班　能干的蚯蚓
140 / 大班　蚯蚓的家

12 泥鳅

小班　泥鳅喜欢吃什么 / 144
中班　泥鳅和螺蛳 / 148
大班　泥鳅的胡须 / 152

推荐序

华东师范大学　施　燕

多年前，因为时任园长胡洁之邀，走进上海市普陀区宜川新村幼儿园，并为这家园所对生物科技教育的执着研究所惊叹。一路走来，看着整个幼儿园在坚持共同性课程的基础上，对特色课程的钻研愈发深入和坚定。本书是幼儿园在生物科技教育背景下的自然角创设和实施方面的成果展现。在宜川新村幼儿园的自然角，教师们打破了原有的惯性观念和做法，将其创设成幼儿探索研究的新天地，提高了自然角活动的趣味性、互动性和延续性，让幼儿流连忘返。

只要是幼儿园，一般都会在班级的一隅设置自然角。自然角作为大自然的缩影，不仅是幼儿认识自然、亲近自然、培养好奇和探究心的重要途径，也是他们观察和研究动植物的场所之一。自然角既能使幼儿认识动植物、喜爱动植物，更能发展他们的探究精神和探究能力，实现《3-6岁儿童学习与发展指南》中提出的"亲近自然、喜欢探究；具有初步的探究能力；在探究中认识周围事物和现象"的发展目标。

自然角的内容怎么安排？——为相同的内容赋予不同的要求

自然角的内容一直是教师们苦恼的方面，经常是小班饲养金鱼、中班还是饲养金鱼，大班呢，没啥养，还是饲养金鱼。在宜川新村幼儿园里，自然角中种植与饲养的内容很丰富，小中大班各有不同。除此以外，即使饲养同一类动物（如蝌蚪），或者种植同一种植物，教师为三个年龄段的幼儿设计的观察重点、探究方式都有所不同，当然，对幼儿的发展价值也就有所不同。

自然角里该怎么玩？——突破常规，增强可玩性、挑战性、视觉冲击性

浇浇水、喂喂食、种种土豆，宜川新村幼儿园的孩子可不单是这么玩。在这里，自然角秒变幼儿科学实验场：蚕豆走迷宫、蜗牛的便便、喝水小实验、根的力量……，无一不是在探究互动中加深对动植物的了解。当我们看到蜗牛吃了不同颜色的食物，拉出的便便也不一样，植物的根竟然有突破鸡蛋壳的力量，一定会为孩子们的发现惊叹，也一定会为教师们的设计与引导点赞。此外，这本书还介绍了一些适合在自然角开展的新技术——植物嫁接、种植菌菇，比较观察不同的螃蟹，猜测蚯蚓的生活环境等，有趣好玩又长知识。

自然角活动如何指导？——从材料提供、环境创设到观察互动，一一明确到位

有经验的教师对自然角的创设和互动过程了然于胸，安排材料收集、创设环境布置，安排值日照看，集中讨论交流，每一步谁做、如何做都很明确。但对新手教师而言，可能未必清楚哪个环节可以放手让幼儿参与，才能实现全心投入而不混乱的效果，哪个环节可以直接由教师主导，让目标指向更为明确。因此，在这本书中，每个案例都至少分为了"材料准备 – 环境创设 – 日常照看与观察"3个环节，并且明确了哪些环节可以让幼儿尽情参与，哪些环节由教师完成更有效率，为新手教师提供了极具操作性的指引参考，也为成熟型教师提供了指导的空间。同时，在每个单元里，针对不同的自然角内容，编写者还贴心地为广大教师们提供了具有针对性的科学背景知识介绍，免去大家到处查阅之苦。

自然角探究中发展的能力有哪些？——基于核心经验的科学探究

自然角只是让孩子观赏的？当然绝不仅限于此。在宜川新村幼儿园里，自然角是为幼儿提供探究机会的场所和对象，据此使幼儿在科学探究领域的核心经验得以学习与发展，这包括：

观察与分类：观察是幼儿运用多种感官或工具，有目的、有计划地去感知和探索自然事物和现象的过程。分类则是将一组事物按照特定的标准加以区分，并进行归类的过程。在发展阶段上有不同的层次划分，从以兴趣为指向的观察开始，

到以外在任务为指向的观察，再到以一定目的为指向的观察，并能对事物进行本质属性的分类。不同的层次要求，需要教师细致的设计和引导。

记录与交流：幼儿用各种不同的方式来表达与表现探究过程、探究结果并与他人进行交流。幼儿在不同的发展阶段，也会有不同的表现，从记录与交流实物简单的外在特征，到外部特征与外在联系，再到较为内在的联系，难度逐渐提高。

预测与推断：预测是针对某些行为将会导致什么样的结果做出最佳猜测的过程。推断是试图找出导致某事所发生的原因，但不能观察到其原因时所使用的科学过程。在自然角的活动中，可以利用各种材料，引导幼儿提出问题，并进行联想和猜测问题的答案。

以上这些科学探究核心经验的学习与发展，都能出现在这本书中 72 个案例所描述的幼儿与自然角的互动过程中，也出现在每个案例初始的目标关键词里，提示了本案例涉及的科学探究发展目标，帮助教师明确可以从哪些角度去支持幼儿。例如，小班以观察为主，在中大班阶段，在不同层次观察的基础上，教师可以引导幼儿去预测与推断，还可以借助一些工具和展板设计，为幼儿的记录与交流提供支持。借助这本书，教师可以根据幼儿的发展水平来确定自然角的内容、玩法，并以此为载体促进幼儿的科学探究能力，以及更为重要的探究精神——包括自信、质疑、坚持、合作等的发展。

最后，还需特别提出的是，本书因其图文并茂、条理清晰的呈现方式，将为教师们理解和使用提供极大的便利，可以说是一本实用价值极高的幼师实践工具书，相信大家一定会喜欢。

前　言

　　真高兴，反映上海市普陀区宜川新村幼儿园"生物科技教育"特色课程的部分研究成果，终于要跟大家见面了。我们的特色课程研究持续了十几年，但一直没有出书的打算，是华东师范大学的施燕老师看到了其中的价值，积极向出版社推荐，才有了今天这本书稿。在此，我们很愿意为幼师同行分享我们实践研究的成果。

　　幼儿园的自然角，我们曾经看到的状况是：

看上去很美，其实孩子们不太关注，老师们也觉得费时费力，总之是孩子不亲、老师不爱，到了检查展示时就突击摆一摆，美了几天就衰败。

　　为了解决以上这些在幼儿园里普遍存在的困惑与问题，我们希望呈献给大家的是一本实用的工具书，能为大家提供即读即用的自然角环境与活动设计。

　　我们把自然角活动定位在幼儿科学领域范畴，在非正规性的科学活动和生活活动中实施。我们从一线来，最了解一线老师们的辛苦，因此从便于老师们操作的目的出发，将书中内容分为"春夏"与"秋冬"两部分，也就基本对应了上、下两个学期，每个学期由6个植物内容和6个动物内容组成，每个内容都提供了针对小班、中班和大班三个年龄段的不同方案，努力符合不同年龄段幼儿的认知水平，在探究角度与探究深度上各有侧重，方案之间也具有关联性和延展性。

　　为了更便于老师们进行参考与选择，每个自然角活动方案都包含适用年龄、科学目标、实施步骤、小提示及科学小知识等环节。科学目标的提炼有助于老师们聚焦于幼儿科学探究能力的培养与科学态度的养成，让活动方案的教育价值更加明确。

自然角活动是孩子主动探究和体验的过程，在"实施步骤"及"小提示"中，我们尽可能地把每一步的操作都用对应的文字和图片呈现出来，为不同地区、不同经验水平的老师提供更具视觉印象和可操作性的有效支持。

还要说明的是，在每一个案例的开头，都有一段对关于活动缘起的文字描述，讲述了这个自然角环境和活动的由来，那是因为我们园所有着注重孩子当前的关注点及意愿，注重孩子的生活经验的办园理念和园所氛围，我们认为自然角活动的生命力应当来源于孩子的兴趣。因此，虽然我们呈现给老师们的是现成的、预设的活动方案，但当我们在实施的时候，它们生成于孩子的兴趣和问题。我们也欢迎你们在迁移使用的时候，结合本园本班的实际情况加以调整，但也请始终关注以下3个原则：

1. 幼儿园的自然角活动是有趣、有价值，也是有生命力的。在多年的实践中，我们感悟到，自然角必须要体现探究性，也就是互动性和实验性，并以孩子们的问题为导向。

2. 自然角必须要体现兴趣性，也就是活动内容要贴近孩子的生活，创设孩子能够亲身体验的环境，才能使孩子产生更加持久的兴趣，对自然抱有好奇心，这也是开展科学探究活动的核心。

3. 自然角必须要体现生态性，融合进生命教育的理念和内容，让孩子了解自然界中生物的多样性，了解自然与人们生活的关系，成为具备生态文明素养的社会小公民。

如今，我们的研究成果以一本书的形式展现在大家面前。在此，我要衷心感谢为自然角活动的探索研究付出多年心血的上海市普陀区宜川新村幼儿园的全体教师、员工们。

感谢为书中所有科学知识进行修订和审核的陈俊学老师，作为拥有数十年教龄的高中生物资深教师，他为本书中出现的所有知识点进行了把关与修订，并将相关的最新研究或技术进展融入其中，拓展了老师的知识面，也免去了老师们查阅资料的辛苦。

感谢为宜川新村幼儿园的"生物科技教育"研究给予长期指导和支持的专家们，他们是华东师范大学的施燕老师、中国科技研究交流中心研究员沈人骅老师、上海师范大学钱源伟教授，以及所有关心和支持我们的朋友们、老师们。

我们最大的愿望就是让幼师伙伴们在每天陪伴孩子的过程中获得幸福与快乐。希望这本工具书能为你和孩子们带来不同的视角与启示。

本书编委会

主　编

胡　洁

编　委

浦　菁　张懿奕　陈园园　叶冠鸿　欧建萍

参与人员

杨晓烨　祝黎婷　汪晨旖　郭静雯　陈　莉　李　麒
褚文静　胡　蕾　戴婕琳　田　云　梅　青

1 | 叶子

密密的叶子　　适用年龄：小班

科学目标

1. 观察
2. 发现密密的叶片具有遮光、挡热的作用

缘起

运动休息时，豆豆和希诺找了一个有很大树荫的地方，另几个孩子则坐在了太阳下。豆豆马上叫道："你们过来呀，我们这里树叶又大又多，坐在底下晒不到太阳的，你们那里都没有树叶，会很热的。"于是，孩子们来到了密密的树叶下，直说："好凉快呀。"

■ 第1步：老师准备材料

1
用于芋艿水培的容器 2 个。

3
用蔬菜水果做成小动物造型。

2
6 个已经长出叶子的芋艿。

小提示

- 在种植品种的选择上，应选择叶片大小差异明显的植物，如芋艿、慈姑，它们的叶片比较大。

第2步：老师和孩子一起创设观察环境

1
老师与孩子一起将已长出叶子的芋艿放在2个容器中，用水培育。一个盆内种植5颗芋艿，另一个盆内种植1颗芋艿。

2
邀请家长和孩子利用不同的蔬菜、水果制作出更多的小动物造型，请孩子将制成品摆放在芋艿的附近，增加观察场景的趣味性。

3
约2周后，请孩子观察两个盆中种植的芋艿，看看哪个盆中芋艿的叶子能成为蔬果制成的"小动物们"的遮阴处，重新为"小动物们"摆放位置。

小提示
- 此场景尽量布置在靠窗且阳光充足的区域。
- 提供蔬果制作的"小动物"，是为了增加观察场景的趣味性，激发小班孩子的观察兴趣。

第 3 步：在照顾自然角环节和自由活动环节，孩子可以个别或结伴观察

1

老师与个别孩子讨论交流指导观察重点启发思考。例如：芋艿的叶子长什么样？为什么叶子数量多的那盆芋艿能为"小动物"带来荫凉呢？通过比较发现芋艿的叶片大而密的特点。

2

值日生日常操作：每天根据阳光照射的情况，在老师的帮助下调整蔬果"小动物"的位置，帮助它们"找荫凉"。

不一样的叶子

适用年龄：中班

科学目标

1. 观察与分类
2. 感知不同植物叶子的外形特征

缘起

开学了，孩子都从家里带来了各种植物，相互之间讨论热烈："我带来的小花很香的。""悠悠带来的是有刺的，不能碰。""这个叶子怎么摸起来毛茸茸的呢？"……

■ 第1步：老师和孩子一起准备材料

2
自制材料：眼睛、鼻子、小手的提示卡片。

1
请家长带幼儿去花鸟市场寻找不一样的植物（从气味、颜色、花纹、触感等方面进行筛选）带来幼儿园。

3
自然角陈列架。

小提示

- 在植物的选择上要具有典型性，如有着明显的外观特征、气味或者变化等，从而更好地吸引孩子进行观察。尽量不选有刺的植物（如仙人球等），避免孩子在观察时受到伤害。
- 可以引导孩子从不同角度比较植物，例如碰碰香与薄荷，除了能让孩子发现植物拥有特别的气味之外，还可以通过提供"小眼睛"提示卡，引导孩子观察两种植物叶片的外观差异；提供"小手"提示卡引发孩子对植物的触摸探索，直接感知不同叶片带来的不同触感。

第 2 步：老师和孩子一起创设观察环境

1
老师和孩子一起讨论：如何将孩子们带来的植物集中摆放在陈列架上，达到既美观又便于孩子触碰的效果。

2
老师将提示卡（眼睛、鼻子、小手造型），放在对应的植物旁，引导孩子有目的地去看、闻、摸植物。

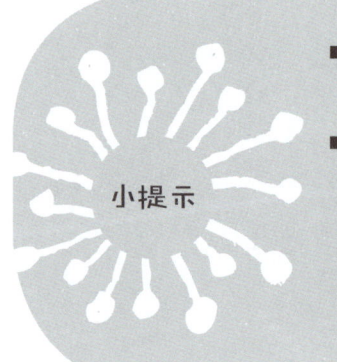

小提示

- 陈列架上的植物品种可以持续地加以丰富和调整，以保持孩子长期观察探索的兴趣。
- 在布置植物阶段，老师可以预设观察点和比较点，有针对性地进行布置。例如碰碰香和薄荷可以摆放在一起，方便孩子运用嗅觉发现和比较这两盆植物的气味特点，还可以在一旁摆放上"鼻子"提示卡加以明示。

■ **第3步：在照顾自然角环节和自由活动环节，孩子可以个别或结伴观察**

2
在观察到有趣的结果后，孩子还可以自行移动或增加放置的提示卡，以引发其他孩子的观察兴趣。

1
通过老师预设的提示卡，孩子可以运用多种感官（用眼睛看、用鼻子闻、用手摸等）感知植物的外形特征。

小提示

- 当班级内大多数孩子经由观察积累了相关体验后，老师可以组织集体交流，引导孩子从多个角度对植物进行比较，分出异同，也可以重新安排植物在陈列架上的摆放位置。
- 可以从比较植物明显的外部特征（颜色、触感、气味、叶片大小等）来组织集体交流的内容，引导孩子从多种角度对植物进行感知。

Ⅰ 叶子　19

奇特的叶子

适用年龄：大班

科学目标
1. 持续性观察、记录与交流
2. 发现多肉植物的叶片有再生的功能

缘起

秋天，孩子们在小花园里捡落叶，他们在一起讨论："树叶只要离开大树妈妈就会干枯。""才不是呢，我们家有一盆植物，叶子掉下来还能再长大！""真的假的啊？我们才不相信呢！"为了回应伙伴们的好奇和质疑，妞妞从家里带来了一盆多肉植物。

■ 第1步：老师准备材料

1
花卉育苗盒。

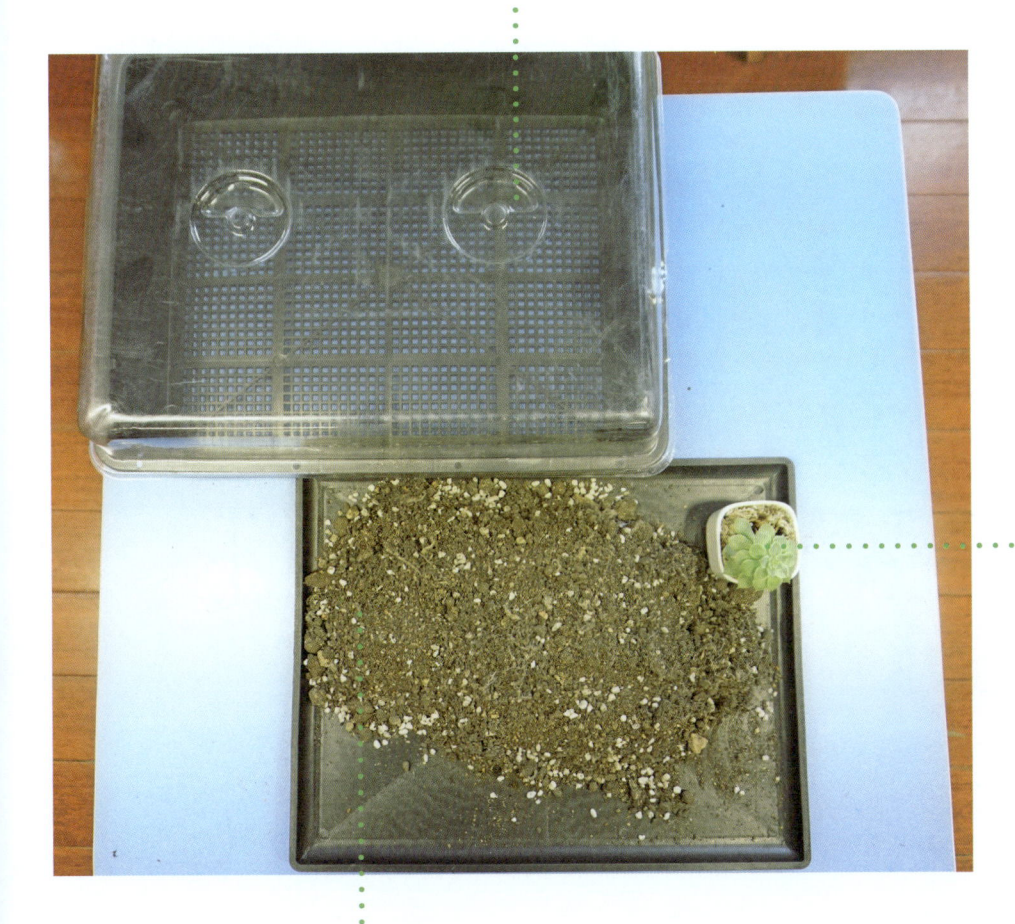

3
多肉植物1盆（如白牡丹）。

2
用草木灰和蛭石混合成土壤，铺于育苗盒内。

小提示

■ 白牡丹这类生命力很顽强的多肉品种基本一周左右就会出根出芽，适宜孩子观察。

1 叶子

■ 第2步：老师和孩子一起创设观察环境

1 从白牡丹的植株上选取新鲜的叶片摘下。

2 提供每个孩子一枚白牡丹的叶片，将叶片直接平铺在育苗盒内用草木灰和蛭石混合成土壤的表面。

4 叶片铺进土壤后，每3天喷水一次，保持土壤湿润。

3 在叶片旁做相应的标记。

小提示

- 该活动适宜在春秋季实施，环境温度大于15℃即可，夏季若温度过高可能会影响出苗率。从健康的多肉植株上摘下来的叶片都可以使用。建议先把叶片放软些（大约3天左右）后再插入土壤中，成功率会大大提高。
- 大约2周左右，叶片就会出根或者出苗，这个过程中要注意保持通风，让土壤表面保持湿润。

■ **第3步：在照顾自然角环节和自由活动环节，孩子可以个别或结伴观察**

1
猜测：多肉植物的叶子掉落下来会发生什么变化？老师将每一个孩子的猜测展示出来。

2
观察：个别孩子可利用照顾自然角或自由活动环节进行自主观察，关注多肉植物的叶片出现了怎样的变化，是否与猜测的内容相符。

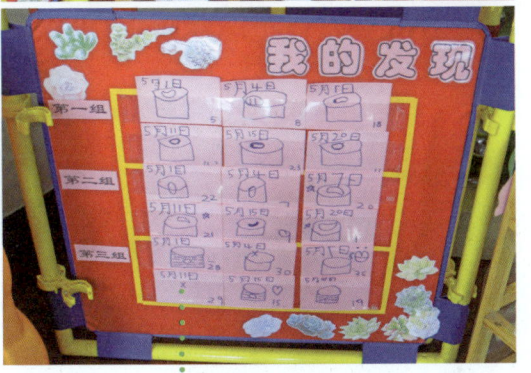

4
验证：多肉植物是否具有叶片再生的特性。

3
记录：当日的值日生用图示的方式记录多肉植物的变化情况（重点关注多肉植物的叶片是否有干枯或发芽的情况）。

科学小知识	
	■ 虽然从理论上讲，绝大多数种子植物都可以叶插。不过，植物的叶片通常都很纤薄，内源植物激素及营养物质含量不足，必须依靠植物组织培养技术的诱导才能成功地生根发芽。只有多肉植物得天独厚，肥厚的叶片中储藏了大量的水分和营养，植物激素的含量通常也较高。所以，只要方法得当，多肉植物叶插的成功率很高。
	■ 进入21世纪以来，由于推进了全光照喷雾扦插繁殖技术，以及采取改善扦插基质的透气性等措施，使得诸如黄杨、夹竹桃之类木本花木也能叶插。

2 种子

不一样的豆子　　适用年龄：小班

科学目标
1. 观察
2. 发现不同豆类种子的外形特征

缘起

午餐时，孩子们在吃毛豆，突然，静静说："老师，昨天妈妈也烧毛豆给我吃了，还请我帮忙一起剥毛豆呢！"莹莹听见了，接着说："我也剥过毛豆的，豆宝宝就藏在绿色的豆荚里。妈妈说，这是小种子。对吗？"听到这个问题后，孩子们纷纷对豆宝宝产生了兴趣。

■ 第1步：老师准备材料

2
透明罐子若干。

1
各种豆子，如绿豆、红豆、黄豆、黑豆、白扁豆等。

第2步：老师和孩子一起创设观察环境

1

将透明罐子装饰成小动物造型，增添趣味性。

2

将搜集到的豆子分类装入装饰好的透明罐子中。

■ **第 3 步：在照顾自然角环节和自由活动环节，孩子可以个别或结伴观察**

1
认一认常见的豆子，知道这些豆子的名称。

2
观察不同豆子的颜色、大小和形状的差异。

3
老师组织孩子集体交流，说说各自的观察发现。

2 种子

种子乐园

适用年龄：中班

科学目标
1. 观察与比较
2. 发现不同种子的外形特征

缘起

午餐后，孩子们来到校园的草地上散步，忻忻手上拿着几个黑黑的小豆子，对大家说："这是我捡到的豆子。"几个朋友都围了过去。佳佳说："这不是豆子，是树上掉下来的种子。"羽羽在一旁神秘地说："我上次还捡到一颗圆圆的咖啡颜色的种子呢！爸爸说可能是小鸟拉出来的，种子种在泥土里，还会长出小苗呢。"……

■ 第1步：老师准备材料

1
营养土。

2
小收纳盒。

3
用于种植的容器。

4
园艺铲。

5
喷水壶。

2 种子　29

■ 第2步：老师和孩子一起创设观察环境

1
孩子们从草地、小树林里采集植物的种子。

2
拿着种子在附近找一找，了解采集到的是什么植物的种子。

3
将捡到的种子分类装入收纳盒中。

4
由老师提供或由孩子自带多种蔬果、塑料小刀，孩子可以尝试切开蔬果，找到种子，清洗晒干后再分类装入收纳盒中。

■ **第3步：在照顾自然角环节和自由活动环节，孩子可以分组观察并操作**

1

观察收集到的不同种子，比较外形上的异同，发现植物种子的多样性。

2

选择部分种子进行种植，观察能否发芽生长。

小提示

- 活动可以分几次开展，从户外自然以及预先准备的蔬果中收集种子的过程也可以在一段时间内分多次进行，待收集到的种子类型和数量比较充分时再集中地布置出来。
- 可以在区角中提供纸笔，鼓励孩子将了解到的自己收集的种子成长后的状态用绘画的方式表现出来，贴在相应的种子旁作为对照。

谁先发芽

适用年龄：大班

科学目标
1. 持续性观察、预测、记录与交流
2. 发现不同条件下种子发芽的不同状态

缘起

言言从崇明的奶奶家带来了一包蚕豆种子，她告诉其他小朋友："奶奶说蚕豆种子放在水里会发芽。"乐乐说："种子要种在泥土里才会发芽。"佳佳说："我吃过发芽的豆子的，上面有一个小芽芽。"孩子们围着一包蚕豆种子，讨论着怎样让蚕豆种子发芽。

■ 第1步：老师准备材料

1
蚕豆、花生、白扁豆种子若干。

2
透明玻璃瓶。

3
吸管。

4
扭扭棒。

小提示

■ 为了保证发芽率，可以先将干蚕豆用水浸泡12小时后再操作。

2 种子　33

■ 第2步：老师和孩子一起创设观察环境

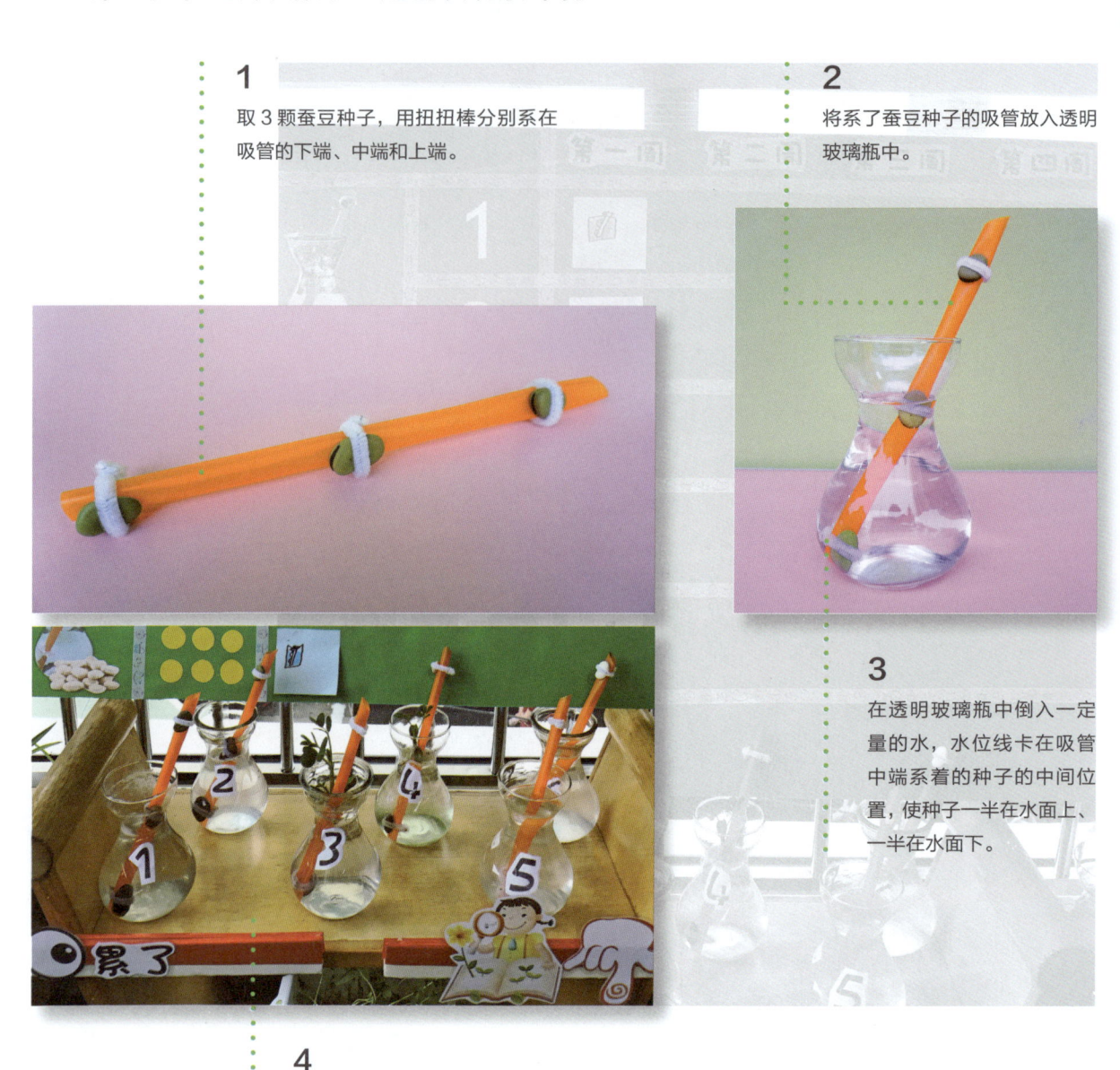

1
取3颗蚕豆种子，用扭扭棒分别系在吸管的下端、中端和上端。

2
将系了蚕豆种子的吸管放入透明玻璃瓶中。

3
在透明玻璃瓶中倒入一定量的水，水位线卡在吸管中端系着的种子的中间位置，使种子一半在水面上、一半在水面下。

4
用同样的方法将花生、白扁豆系在吸管上，插入装了水的玻璃瓶中。

小提示

■ 每种种子可以制作2个相同的观察瓶，方便孩子分成若干小组进行针对性观察。

■ **第3步：在照顾自然角环节和自由活动环节，孩子可以个别或结伴观察**

1

请孩子事前猜测并在墙面上记录：吸管上的种子哪颗可能先发芽？

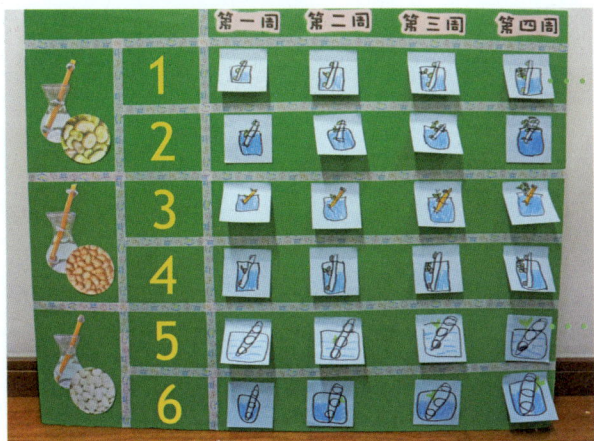

2

将孩子按各自的预测进行分组，每组负责观察、记录自己预测的种子的发芽及生长情况。

3

老师和幼儿一起总结：种子发芽需要哪些条件？

科学 小知识	■ 种子的主要部分是胚，它能发育成新个体，所以种子萌发需要的自身条件是：胚发育完全、完好无损、活的，且已度过休眠期、处于寿限之内。而种子萌发的外界条件是：适宜的温度、一定的水分和充足的空气。 ■ 种子萌发时，其储藏的营养物质的分解，以及分解产物转化为新个体的物质，均需各种酶的催化作用，而酶的催化作用需要在适宜的温度下才能进行。干燥种子只有吸足水分，种皮膨胀软化，氧气才容易透入，呼吸作用才能增强，各种生理活动才会大大加强；只有吸足水分，种子储藏的营养物质溶解于水并经过酶的分解后才能转运至胚，供胚吸收利用。在氧气充足的情况下，胚的呼吸作用逐渐加强，酶的催化作用随之增强，种子储藏的物质通过呼吸作用产生中间产物和能量，以满足胚的生长需求。

2 种子　35

3 | 植物与光

蚕豆苗走迷宫　　适用年龄：小班

科学目标
1. 观察
2. 发现蚕豆苗有向着光亮方向生长的特性

缘起

自然角里种植着蚕豆，孩子们总喜欢驻足观察，一个孩子指着一颗已经生长发芽的蚕豆说："看，它长弯了。"另一个孩子不解地问："为什么它会弯着长呢？"

■ 第1步：老师准备材料

2
不同容量的牛奶盒若干。

1
喷水壶若干。

3
已发芽和未发芽的蚕豆若干。

3 植物与光

第 2 步：老师和孩子一起创设观察环境

1 用牛奶盒制作两种迷宫样式的种植容器。

2 第一种：在小容量牛奶盒的一个面上剪出 1 个直径约 3-4 厘米的镂空洞。

3 第二种：将大容量牛奶盒的一个侧面完全剪除镂空，再在内部插入 3 层横向的隔断，在牛奶盒顶部某个位置开洞，最后将被剪下的一整面做成可自由拆卸的"活动门"，重新覆盖在侧面镂空处。

4 将已经发芽的蚕豆放入牛奶盒中：小容量盒内放 1 颗，隔断型大容量盒内放 1 颗。

小提示
- 纸盒上镂空洞的大小以蚕豆苗能穿过为宜。
- 确保每个种植容器仅有一处镂空洞作为"光源"。

■ **第3步：在照顾自然角环节和自由活动环节，孩子可以个别或结伴观察**

3

在老师的指导下，孩子在记录板上呈现蚕豆苗的生长方向。

1

当日值日生为蚕豆苗浇水，水量不宜没过蚕豆。

2

孩子持续观察蚕豆苗在牛奶盒内的生长情况。

科学小知识	■ 植物必须对外界的各种刺激做出反应才能生长生存。对绝大多数植物来说，光照也是必需的，它们需要阳光和二氧化碳来产生能量。因此，科学家用"向光性"来描述植物转向有光照的方向生长的趋势。 ■ 在这个实验中，是在一个只有单个光照来源的容器里种了一颗种子，并在种子追寻光照的途中设置了一些障碍。植物种子里储存了足够的能量可以让它们开始生长，但随着它们长大，会绕过障碍去找到光照来源。

3 植物与光　39

黑白房子

适用年龄：中班

科学目标
1. 持续性观察、预测、记录与交流
2. 发现植物在有光和无光状态下生长的情况有不同

缘起

幼儿园的户外种植园地里和教室的自然角里种着相同的植物——辣椒。在一次户外观察活动中，孩子们发现户外种植的辣椒比教室里种植的辣椒长得高、长得快。对此现象，孩子们感到很好奇。

■ 第1步：老师准备材料

1
喷水壶。

2
用来容纳种植容器的大容器2个，可以用纸箱代替。

3
种植容器2个。

4
黑色塑料袋。

5
园艺铲。

6
植物种子（如绿豆，各2把）。

7
营养土。

8
封箱带。

9
剪刀。

3　植物与光

■ 第2步：老师和孩子一起创设观察环境

1
将黑色塑料袋按大容器的尺寸进行裁剪，然后覆盖在一个大容器外，将这个大容器整个包裹住。

2
将营养土铺在2个种植容器里，取2把相同量的绿豆，埋入2个种植容器中。

4
将2个种植容器分别放入覆盖了黑色塑料袋（左）及开放的（右）2个大容器中。

3
在2个种植容器中倒入少许水。

小提示

■ 在种植前，可以先将绿豆放在水里浸泡一晚，提高发芽率。

42　角落里的生机——图解幼儿园自然角的创设与变化（春夏篇）

■ **第3步：在照顾自然角环节和自由活动环节，孩子可以个别或结伴观察**

1
在实验开始前，先让孩子进行猜测：是黑房子（覆盖了黑色塑料装的容器）里的植物长得高，还是白房子（开放的容器）里的植物长得高？

3
孩子可以个别或结伴观察2个容器中的植物生长情况，进行讨论和猜测。

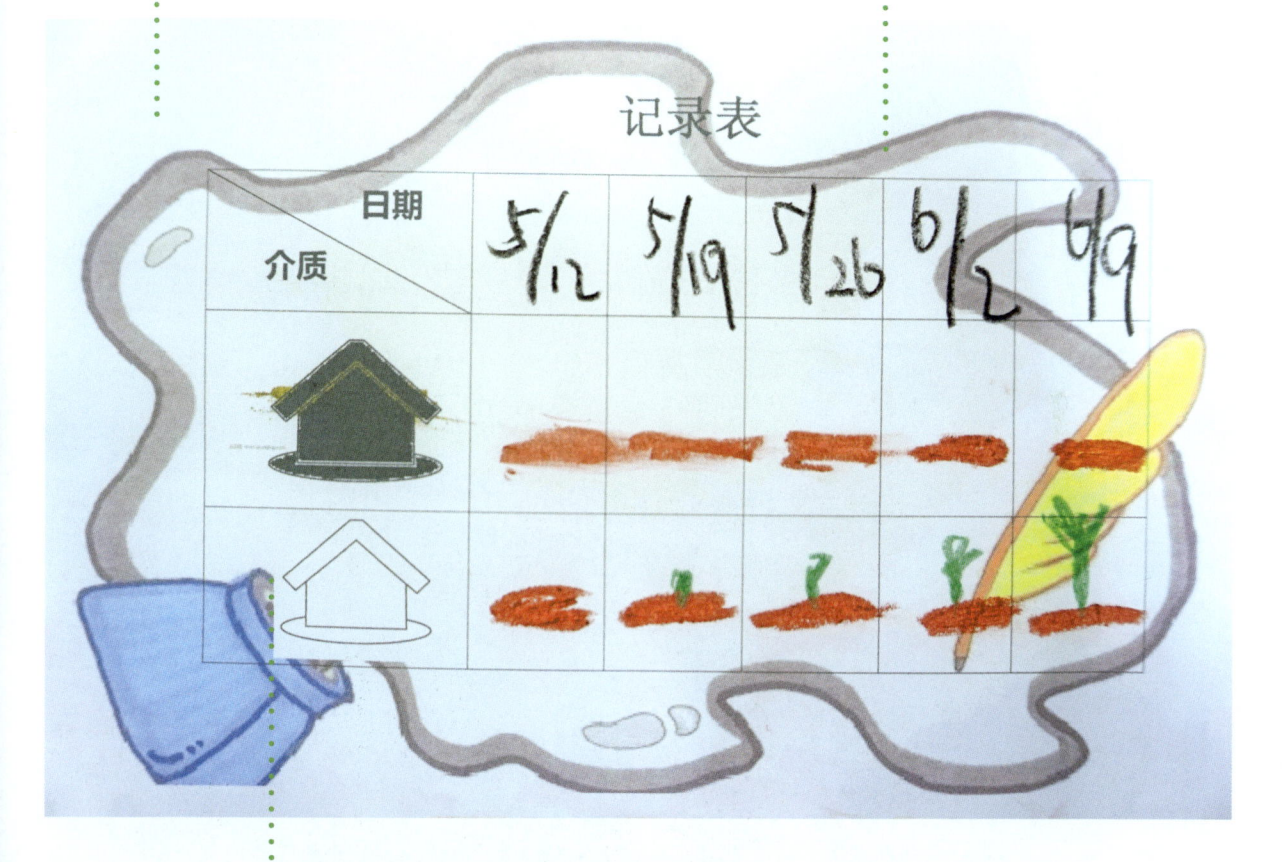

2
当日值日生每天为绿豆浇水，并在记录表上持续性记录2个容器中绿豆发芽长苗的情况，用图示呈现出来。

3 植物与光 43

彩色小屋

适用年龄：大班

科学目标
1. 持续性观察、预测与推断
2. 发现植物在不同颜色光线下的生长速度不一样

缘起

在亲子采摘的活动中，孩子们看到农田里暖棚的颜色有白色、蓝色、黑色，对此很感兴趣，一边指着各种颜色的暖棚，一边和同伴讨论起来：奇怪，为什么暖棚的颜色不一样呢？

■ 第1步：老师准备材料

1
塑料容器4个。

2
红、绿色玻璃纸各1张，约1平方米大小。

3
废旧大纸箱1个。

4
营养土。

5
喷水壶、绿豆种子、量杯、园艺铲。

6
各色手工纸若干。

7
黑色遮光纸一大张。

8
铁丝1卷。

9
剪刀、封箱带、老虎钳、炫彩棒。

10
用钢条制作3个立方体架子，高度约40厘米，底面积略小于用于种植的塑料容器的底面积。

3 植物与光　45

第2步：老师和孩子一起创设观察环境

1 将营养土倒入塑料容器中铺置好，高度约占容器的三分之二。

2 把绿豆放在清水里浸泡一整晚，然后分别播种在4个塑料容器中。

3 将3个钢架置于种植容器上方，用铁丝将其与种植容器连接固定。

4 用红、绿色玻璃纸分别覆盖住1个钢架（除底面外），用封箱带固定。

5 将覆盖在2个钢架上的玻璃纸的其中一个竖面一剪二，作为开门。

6 将剩下的1个钢架以同样的方法用黑色遮光纸覆盖，在正面剪出开门。

7 用纸箱裁剪出3个长条，长度与钢架高度相同，在上面标注长度数字标识作为自制量尺，将其固定在种植容器内。

小提示

- 实验时宜选择红色玻璃纸、绿色玻璃纸（因红色玻璃纸吸光好，绿色玻璃纸吸光差）进行比较实验，使实验结果的对比更加显著。如果材料允许的话，可以增加颜色房子的数量，选用红、橙、黄、绿、青、蓝、紫7种颜色的玻璃纸（或塑料薄膜）进行对比实验。
- 自制量尺的起始刻度为种植容器内的土壤表面，这样才能精确度量和比较绿豆苗的成长高度。
- 可以再安排一个种植了绿豆的容器，将其放置于完全开放的环境中作为对照组。

■ **第3步：在照顾自然角环节和自由活动环节，孩子可以个别或结伴观察**

1

当日的值日生每天在来园、离园时给3幢彩色屋里的绿豆以及一个完全在开放环境下种植的绿豆浇水，每次浇相同量的水（以量杯作为浇水量的度量工具）。

4

老师与孩子一起集体交流并总结：植物的生长离不开光，不同颜色的光会影响植物的生长速度。

2

在区角提供纸笔，引导孩子猜测：绿豆在哪个颜色的房子里长得最高？将自己的猜测画下来贴在房子周围。

3

值日生持续在记录板上记录绿豆苗的生长情况，孩子在日常观察中交流讨论：哪个颜色房子里的绿豆发芽最快、长得最高。

科学小知识	
	■ 不同光质对植物的影响效应不尽相同，一般认为，蓝光有利于叶绿体的形成，红、蓝、绿复合光有利于叶面积的扩展，而蓝光有利于蛋白质的合成，红光更有利于糖类物质的积累。
	■ 在这个实验中，红色玻璃（膜）只能让红光透过，绿色玻璃（膜）只能让绿光透过，同样，橙、黄、青、蓝、紫等各色的玻璃（膜）也都只允许和它颜色相同的光透过。因此，容器内的植物只能得到相应的一种色光；而在不透光的黑色玻璃（膜）内，幼苗得不到光照，也就无法进行光合作用。
	■ 在不同光质、相同光强下，覆膜温室中植物叶片的光合效率由高到低依次为红膜＞无色膜＞黄膜＞蓝膜＞绿膜＞紫膜。大多数高等植物在红橙光下的光合效率最高，蓝紫光其次，绿光最低。

3 植物与光

植物与植物

萝卜船

适用年龄：小班

科学目标
1. 观察
2. 发现植物在水中也能生长

缘起

小悦带来了一颗长长的白萝卜，佳佳看见了说："我外公会把萝卜挖个洞，在上面种葱。"，小悦疑惑地问："萝卜上还能种葱？""嗯，嗯，葱还会长长呢。"旁边的几个孩子都很好奇，忙问："真的吗？"佳佳回答："那我们试试吧。"

■ 第1步：老师准备材料

1
带根的白菜心2个。

2
带叶的长萝卜2个。

3
小刀1把。

4
长形托盘（大小以可以装下长萝卜为宜）1个。

5
装饰品若干。

4 植物与植物

■ 第2步：老师和孩子一起创设观察环境

1
取带叶的长萝卜，在其横面上挖出一块长方形凹槽。

2
将带根的白菜心放入小船状的长萝卜的凹槽中，在凹槽中倒水，水量以没过白菜心根部即可。

3
将做好的"萝卜船"放在长形托盘中，在托盘中倒入水，覆盖白萝卜底部，再放到太阳能照到的地方。

小提示
- 带根的白菜心也可更换成其他的蔬菜（如青菜心、芹菜根等），但都必须要是带根的。
- 白菜心和白萝卜都被置于水中，都在实施水培，将两者结合在一起是为了增强观赏的趣味性，可以同时观察到两种植物的水培状态。

■ 第3步：在照顾自然角环节和自由活动环节，孩子可以个别或结伴观察

1
当日值日生每天换托盘及萝卜船内的水。

2
孩子个别或结伴日常观察萝卜、白菜上根及叶的生长情况。

科学 小知识	■ 水培是一种不使用土壤的种植植物的技术，只通过水携带供植物生长所需的营养成分，又称为无土栽培。

4 植物与植物

51

大蒜和小白菜

适用年龄：中班

科学目标
1. 持续性观察
2. 发现有特殊气味的蔬菜能用来驱虫

缘起

　　早上，浩浩正在为自然角中的植物浇水，突然大叫起来："老师，小白菜上有虫子。"鑫鑫、亮亮等几个小朋友立即围了过来，议论纷纷："真的有虫。""许多小虫还在动。""怎么办呀？小白菜会被虫子咬伤的。"浩浩着急地说。"我爸爸告诉过我，有气味的菜上不会生虫子的。"亮亮突然说道。

■ 第1步：老师准备材料

2
营养土。

3
小白菜籽若干。

1
种植盆2个。

4
大蒜瓣若干块。

5
取大蒜瓣，捣成蒜泥。

6
在蒜泥中加入清水，比例为1∶20，搅拌均匀后浸泡一晚（24小时）。

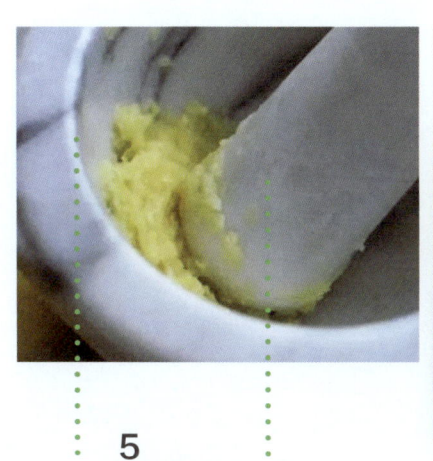

7
过滤后，取大蒜汁水入瓶，密封保存。

第 2 步：老师和孩子一起创设观察环境

1
在 2 个种植盆中分别放入半盆营养土。

2
在 2 个种植盆中撒入小白菜籽。

4
将 2 个种植盆放入自然角的不同地方，相隔一段距离。

3
在其中一盆中埋入蒜瓣（事先去除外皮），蒜瓣头向上。

小提示

■ 蒜瓣入土前先用水浸泡，在冷水中浸 14 小时，在温水中浸 12 小时，促进发芽。

■ **第3步：在照顾自然角环节和自由活动环节，孩子可以个别或结伴观察**

1
若孩子在户外种植园或室内自然角，发现植物上出现虫子，可以将大蒜汁水装入喷水壶中，朝有虫处喷洒。

2
当日值日生为种植的2盆小白菜浇水。

3
孩子持续观察2个种植盆中的小白菜、蒜苗的生长情况，以及植物上是否出现了虫子。

科学小知识	
	■ 有些植物在长期与昆虫和微生物的协同进化过程中，会产生某些防御昆虫和病原微生物的物质，称为植物杀菌素。它可使昆虫拒食，干扰其产卵，还可以驱避幼虫并抑制其生长。但同时它对人畜和周围环境又不会造成潜在的污染。
	■ 大蒜就含有这种植物杀菌素，它带有特殊的气味，可以起到驱虫的作用，用大蒜汁（含大蒜素）制成的驱虫药水环保又自然。
	■ 将大蒜和小白菜间行种植，大蒜挥发出来的大蒜素，既能杀菌，又能赶走害虫，可以持续地守护附近的小白菜。

4 植物与植物

有趣的嫁接

适用年龄：大班

科学目标
1. 持续性观察、记录与交流
2. 发现植物可以通过嫁接改变原有形态

缘起

早上，亚亚带来了一盆奇怪的仙人掌，长柱形的仙人掌上有一个红色的圆球，几个孩子围过来看着，惊奇地问："这是什么？怎么上面有一个圆球，还是红色的呢？"亚亚说："这是我爸爸种的，上面这个红的圆球是仙人球，把它和下面的仙人掌接在一起就长成这样了。"

56　角落里的生机——图解幼儿园自然角的创设与变化（春夏篇）

■ 第1步：老师准备材料

1
蟹爪兰。

2
酒精棉。

3
塑料绳1米。

4
盆栽的单片仙人柱，长约15厘米左右，肉质要薄厚适中。

5
小塑料袋若干，小刀1把。

小提示

■ 切割用的小刀需事先用浓度为75%的酒精溶液消毒，避免植物的切割伤口受到感染。

4 植物与植物　57

■ 第2步：老师和孩子一起创设观察环境

1
在盆栽仙人柱的棱角上切一小口，深度在1厘米左右。

2
取一段蟹爪兰，将其一端切成斜面，插入仙人柱切好的小口中。

3
将小塑料袋包扎在仙人柱和蟹爪兰的连接处，避免水分蒸发。

4
将老师嫁接的植物和亲子合作嫁接的植物分别摆放在自然角的一处区域内，在花盆上贴上制作人的姓名和数字标识。

小提示

- 嫁接之后的蟹爪兰要养在遮阴通风处，避免阳光照射，等其切割的伤口愈合之后才能慢慢见光，养护期间伤口不能沾水，避免真菌感染。
- 嫁接的操作也可以由亲子合作在家庭里完成，再将盆栽带至幼儿园内布置展示。
- 在家庭里完成嫁接时，家长可以与孩子一起了解一些嫁接的知识、适合嫁接的其他品种及成功案例。

第3步：在照顾自然角环节和自由活动环节，孩子可以个别或结伴观察

1
孩子预先猜测并在墙面上记录：仙人柱和蟹爪兰会生长吗？

2
按盆栽数量将孩子分组，每组观察一盆盆栽，持续性观察并在墙面上记录嫁接后的仙人柱和蟹爪兰的生长情况。

3
老师可以组织孩子集体交流，设想还可以嫁接哪些植物，要怎么操作，是否会成功。

科学小知识	
	■ 嫁接是指剪截一株植物的枝或芽，嫁接到另外一株植物的茎或根上，使两者长成一个完整的植株，被剪截植物上的枝或芽叫接穗，被嫁接的植物叫砧木。
	■ 一般植物在25℃左右进行嫁接最适宜，温度过高过低都不适宜愈伤组织的形成。嫁接后的植物的生长发育和开花结果，能保持原品种的性状不变。
	■ 嫁接之后的蟹爪兰，只需要养好仙人掌（以牛舌掌为佳）就行了，养分也来自仙人掌根茎，只要养分充足、根系强健，就不用害怕养死了。蟹爪兰嫁接之后应少浇水、忌淋雨，以免烂根。可以一层层地向上嫁接，形成良好的观赏性。
	■ 嫁接的优点是能保持花卉、果树的优良品质。如我国北方地区通过矮生砧木的嫁接，改良苹果的品质，使果树植株矮化，便于管理和提高单位面积的产量。嫁接尤其对不产生种子的果木，如无核葡萄、无核蜜橘的繁殖有着重大的意义。

5 | 植物与动物

我们是好朋友　　适用年龄：小班

科学目标
1. 观察
2. 发现小金鱼和绿萝可以共同生活在水中

缘起

国庆归来，孩子们都很兴奋地交谈着假日里的生活和趣事。希希说："我去了辰山植物园，看见了荷花，荷叶下还有小金鱼在游呢。"浩浩也应和道："我也在公园看到了荷花，我妈妈说小金鱼是荷花的好朋友，它们在池塘里可开心啦。""好想把小金鱼和荷花都养在我们教室里。"其他小朋友感慨道。

■ 第1步：老师准备材料

2
水培绿萝 5 株。

3
口径不小于 16 厘米的球形水培容器（内附定植篮）。

1
静置了 2-3 天的清水。

4
小金鱼 1-2 条。

小提示

■ 水培容器内的水量以三分之二为宜，不要让植物根部完全浸没在水中。

5 植物与动物　61

■ 第2步：老师和孩子一起创设观察环境

1
将 1-2 条小金鱼放入球形的水培容器内。

2
将 5 株水培绿萝移植到水培容器的定植篮内。

小提示

- 根据容器内小金鱼的情况进行换水，最好能一天一次。水要事先静置 2-3 天或加入小苏打后才可使用。
- 小金鱼和水培植物共同养殖 1 周后，再向容器内投放鱼食。鱼食投放宜少不宜多，过多会污染容器内的水质。

- 第3步：在照顾自然角环节和自由活动环节，孩子可以个别或结伴观察

2 孩子日常观察水培容器内绿萝的生长情况，叶子是否绿绿的，看起来是否健康。

3 当日值日生负责静置水、换水、投放鱼食的工作。

1 孩子日常观察小金鱼在水培容器内的活动情况，看其是否健康。

科学小知识	- 晶莹剔透的玻璃缸里，游动的小鱼与水生植物动静相宜，增添了别致的风景。在水生植物周围的水里较容易滋生虫卵，若同时放入小鱼，则小鱼可以吃掉虫卵，有利于保持缸内良好的环境。此外，水生植物腐烂的根，加上水中微生物，也基本够维持小鱼的生命。而小鱼的排泄物由微生物分解成无机养分后又可以提供给水生植物，两者相互依存。 - 需要注意的是，必须确保水生植物没有毒性，不会对小鱼产生危害。适合和小鱼一起养殖的植物有水培绿萝、香菇草、鱼草、富贵竹、碗莲、金鱼藻等。

5 植物与动物

观赏微型生态瓶

适用年龄：中班

科学目标

1. 预测与推断
2. 发现螺蛳、水草和小鱼可以共同生活在水里

缘起

佳佳带来了几颗活的小螺蛳，放进了班级自然角的鱼缸里。浩浩对佳佳说："把螺蛳放在鱼缸里，小鱼会死的。"佳佳回答："不会的，我家里就有一个瓶子，里面有小鱼，还有螺蛳。"鱼缸里到底能不能放螺蛳呢？其他孩子也对着鱼缸议论起来。

■ 第1步：老师准备材料

1
小鱼8条。

2
孩子的大头贴照片，凡士林1盒。

3
带盖的玻璃瓶4个。

4
水草10棵。

5
沙子。

6
标有"1、2、3、4"的数字贴纸。

7
活螺蛳4颗。

小提示

■ 选择大小、种类相同的鱼，以尽量减少对实验样本的干扰因素。

5 植物与动物　65

■ **第 2 步：老师和孩子一起创设观察环境**

1

洗净 4 个带盖的玻璃瓶，在每个瓶子的盖子或放置瓶子的陈列位置上贴上数字贴纸作为标记。

3

再向其中 2 个瓶中分别放入 5 棵水草和 2 颗活螺蛳。在所有 4 个瓶口抹上凡士林（在瓶口适当涂点凡士林可防止漏气），盖紧瓶盖。

2

在每个瓶中铺上 1-2 厘米厚的沙子，再加水至瓶子的五分之四位置。在每个瓶中分别放入 2 条小鱼。

小提示

■ 生态瓶中的水相当关键，最好是未受污染的池水、河水，也可以用静置了 24 小时以上的自来水代替。

■ 第3步：在照顾自然角环节和自由活动环节，孩子可以个别或结伴观察

1
请孩子事先猜测哪些瓶子里的鱼会活得更久，将自己的大头贴照片插在猜测选定的玻璃瓶下方。

2
孩子日常观察比较玻璃瓶中小鱼、水草、螺蛳的存活情况，1周后老师组织孩子一起对猜测结果进行验证。

小提示

- 以动植物在生态瓶中的存活情况为日常观察点。
- 动物和植物的生存所需要的条件很多，这个实验进行了简化，仅让孩子发现鱼、螺蛳和植物可以在水中共同生活，给小鱼带来更好的生存环境。
- 判断生态瓶中各种生物的存活状态的依据如下：水草保持绿色、伸展为存活状态，若发黄、变黑、柔软下沉可能是死亡状态；螺蛳的外壳呈灰绿、会移动为存活状态，若外壳变白、螺蛳浮起则可能已死亡；小鱼的健康状态以体色是否正常、是否在游动来判断。

5 植物与动物

自制微型生态瓶

适用年龄：大班

科学目标
1. 预测和推断
2. 发现生态瓶中小鱼、水草、螺蛳的数量与其存活情况之间的关系

缘起

飞飞从家里带来了一个瓶子，里面有绿绿的水草，有自由自在游着的小鱼，孩子们都非常新奇地围着看。飞飞说："这是我和爸爸妈妈一起做的生态瓶哦。"大家七嘴八舌地讨论起来："这个怎么做的？""瓶子里的小鱼不会死吗？"

68　角落里的生机——图解幼儿园自然角的创设与变化（春夏篇）

■ 第1步：老师准备材料

1 水草 24 棵。

2 小鱼 12 条。

3 带盖的玻璃瓶 6 个。

4 沙子。

5 凡士林 1 盒，记号笔 1 支。

6 彩纸若干，固体胶，剪刀。

7 活螺蛳 12 颗。

小提示

■ 选择大小、种类同样的鱼，尽量减少对实验样本的干扰因素。

5 植物与动物

■ **第2步：孩子分组制作生态瓶**

1
老师和孩子共同商量，如何创设适合小鱼、水草、螺蛳共同生活的环境。

2
老师把制作生态瓶的材料（带盖的玻璃瓶、沙子、小鱼、水草、螺蛳、凡士林）分组放在桌面上。

3
孩子根据自己预测的想法，选择一定数量的小鱼、水草、螺蛳。在区角活动中，4-6个孩子为一组，一起制作生态瓶。

4
孩子用彩纸、记号笔设计自己小组的标记，贴在生态瓶上。

小提示

- 生态瓶中的水相当关键，最好是未受污染的池水、河水，也可以用静置了24小时以上的自来水代替。
- 老师和孩子在商量的过程中，要明确小鱼、水草、螺蛳的存活所需要的条件。
- 在瓶口适当涂凡士林后再盖上瓶盖，可防止漏气。

■ **第3步：在照顾自然角环节和自由活动环节，孩子可以个别或结伴观察**

1
孩子用数字在展板上标记出每组制作的生态瓶中小鱼、水草、螺蛳的数量。

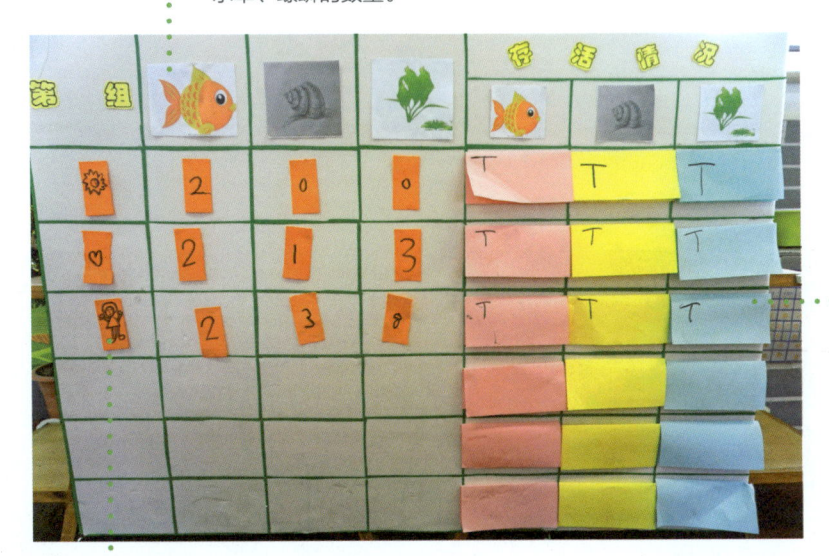

2
各组成员每天把观察到的自制生态瓶中的小鱼、水草、螺蛳的存活情况，用划"正"字的方式进行记录。
判断生态瓶中各种生物存活状态的依据如下：水草保持绿色、伸展为存活状态，若发黄、变黑、柔软下沉则可能是死亡状态；螺蛳的外壳呈灰绿、会移动为存活状态，若外壳变白、螺蛳浮起则可能已死亡；小鱼的健康状态以体色是否正常、是否在游动来判断。

3
持续观察一个月后，老师组织孩子集体看展板，用红笔圈出存活时间最长的自制生态瓶（即画"正"字最多的那栏所对应的生态瓶）。

科学小知识

- 动植物在一个比较稳定的生态系统和优质的环境中才会生活得更好。生态系统是指由生物与环境构成的统一整体，它包含生产者（绿色植物）、消费者（动物）、分解者（微生物）和非生物成分。
- 生态瓶就是利用生态系统稳定性这一重要特点，将少量的植物、以这些植物为食的动物和其他非生物物质放入一个密闭的瓶中，形成一个人工模拟的微型生态系统。

5 植物与动物

6 | 趣味种植

蛋壳里种绿豆   适用年龄：小班

科学目标
1. 观察
2. 发现蛋壳可以作为种植的容器使用

缘起

在有关"蛋宝宝"的主题活动中，孩子们发现了很多关于蛋的秘密。洋洋说："我看到有人在蛋宝宝身上画画，很漂亮。"天天说："蛋宝宝都不一样的，我看到过鸭蛋宝宝和鸡蛋宝宝。"多多说："我姐姐和我说可以在蛋宝宝的壳里种东西。"蛋壳真的可以用来种东西吗？孩子们对此都很好奇。

■ 第1步：老师准备材料

1
绿豆若干。

2
孩子的大头贴照片，代表"好棒"的标识。

4
洗净的鸡蛋壳若干。

5
营养土。

3
在墙面或展板上用图片呈现出在蛋壳中埋入绿豆以及绿豆发芽长苗的过程。

小提示

- 轻轻地把生鸡蛋的蛋壳较尖的一头敲破，让蛋清和蛋黄流出，然后将清水慢慢地注入，清洗蛋壳的内部。注意不要把蛋壳洗破，保持蛋壳的完整性。

第2步：老师和孩子一起创设观察环境

1
孩子将营养土装入鸡蛋壳中，再将绿豆埋入土中。可以在鸡蛋壳上作画，为蛋宝宝画上表情。

2
孩子每次为自己的蛋壳盆栽浇水后，可以在蛋宝宝旁贴一张浇水标识，以避免重复浇水。

4
将孩子们的大头贴照片插在展板上，另配若干代表"好棒"的标识在一旁备用。

3
准备一块展板，在上面配上标题。

■ **第3步：在照顾自然角环节和自由活动环节，孩子可以个别或结伴观察**

1
孩子日常观察：埋在蛋壳中的绿豆是否有变化。

3
孩子日常观察哪个蛋壳里的绿豆苗长得好，可以在展板上相应的蛋壳盆栽的种植者照片旁贴上"好棒"标识，给予其鼓励和肯定。

2
孩子每日为自己制作的蛋壳盆栽浇水。

科学小知识	
	■ 空蛋壳的体型较小，适合种植多肉植物等微型植物，也适合作为育苗容器，待种子发芽长苗后再移植到更大的容器中。
	■ 蛋壳的主要组成物质是碳酸钙，是植物生长过程中需求较大的元素，蛋壳还能为植物补充镁、钾、铁和磷等元素。因此，可以将生鸡蛋的蛋壳清洗干净放在阳光下暴晒一天，然后打磨成粉末，掺入泥土中，就可以作为一种有机肥。

有趣的植物之家

适用年龄：中班

科学目标

1. 持续性观察
2. 发现可以将各种不同材质的物品用作种植容器，知道这是一种环保行为

缘起

琪琪从家里带了一些牛奶盒、纸杯、塑料瓶来幼儿园，对老师说："蕾蕾老师，我舍不得扔掉这些东西，奶奶和我说，可以环保利用，拿它们做别的用处。"老师回道："好主意，那可以拿它们做什么呢？"这时候，玥玥走过来说："我们可以在它们身上贴好看的花纹，给它们穿上漂亮的衣服，变成植物宝宝们的家，植物宝宝们肯定很开心。"琪琪高兴地笑了，说："太好了，就这么办。"老师边回应说："真是个不错的主意。"

■ 第1步：老师和孩子一起准备材料

4
展板。

1
营养土。

2
已发芽的土豆、红薯、芋艿、花生、胡萝卜、白萝卜、洋葱、生姜若干，或尚未发芽的种子若干。

3
老师和孩子一起搜集的各种废旧塑料瓶、塑料杯、纸杯、纸盒、牛奶盒、竹篮、油壶、易拉罐及包装盒。

小提示

■ 如果搜集到的容器有镂空或缝隙，使用前要在容器里铺上塑料薄膜等防漏的材料。

6 趣味种植 77

■ 第2步：老师和孩子一起创设观察环境

1
在各种废旧物品上粘贴或添画进行装饰。

3
将发芽植物或种子植入营养土中。再用喷水壶喷湿土壤表面。将种植容器搬放至通风且易有阳光照射的地方。

2
将营养土填入容器中。

小提示

- 使用废旧物品前要先将其清洗干净，检查是否有棱角，避免割手。
- 根据容器的大小、形状以及所种植的植物的特性，灵活确定容器中营养土的用量。
- 种子适宜埋在泥土表层下方约2厘米处，不宜埋得太深，否则不利于种子的发芽。
- 摆放陈列的方式要兼具视觉观赏性和易于观察性。

第3步：在照顾自然角环节和自由活动环节，孩子可以个别或结伴观察

1
孩子日常观察：植物在哪种变废为宝的容器中生长得更好？

2
老师组织孩子交流：植物在不同容器中的生长情况如何，提供孩子纸笔做相应记录。

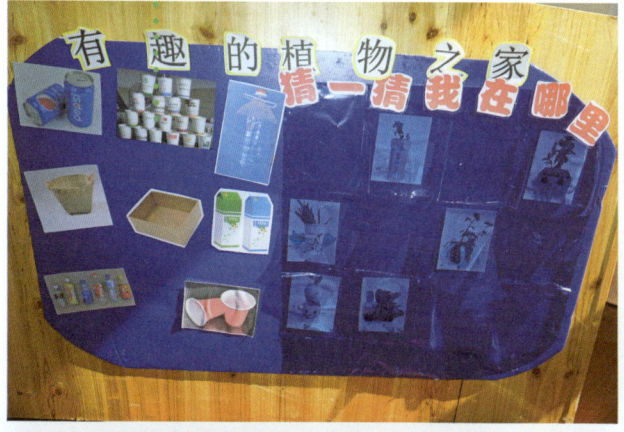

3
当日值日生负责给植物浇水。注意要根据不同容器的大小来确定浇水的量和频率，以避免浇水过多或过少。

小提示

- 在对各种容器进行装饰时，可以结合种入的植物，为容器增添拟人化表征，以此增强观察的趣味性。

6 趣味种植

旧 **皮靴里种花**　　适用年龄：大班

科学目标
1. 预测、记录与交流
2. 知道皮靴具有透气性

缘起

"老师，昨天爸爸妈妈带我出去吃饭，我看到餐厅里的花是种在鞋子里的。"源源说道。"不会吧，把花种在鞋子里，花会死掉的！"小轶听到后马上提出了质疑。"没有啊，我看那里的花长得很漂亮呢！"源源回忆道。"那要不我们也找鞋子来种花吧！"小轶提议。

■ 第1步：老师准备材料

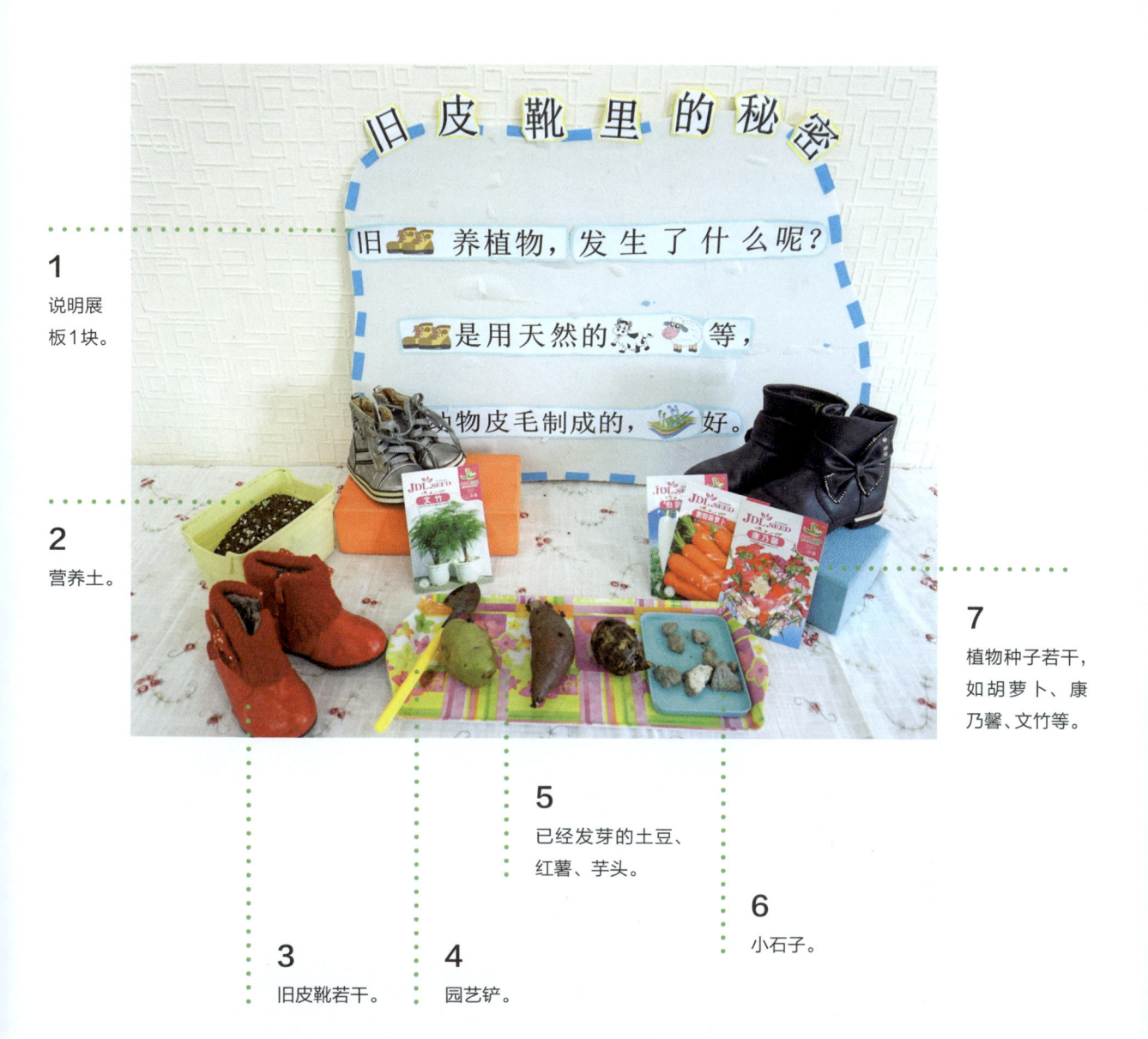

1
说明展板1块。

2
营养土。

3
旧皮靴若干。

4
园艺铲。

5
已经发芽的土豆、红薯、芋头。

6
小石子。

7
植物种子若干，如胡萝卜、康乃馨、文竹等。

小提示

- 在选择要种植的植物和种子的品种时，要注意考虑当时的天气温度和湿度对种植的影响。
- 可以在展板上粘贴由孩子和家长一起搜集的、用皮靴作为容器来种植植物的若干图片，扩展孩子的欣赏范围。

第2步：老师和孩子一起创设观察环境

1
老师用锥子在皮靴底部扎孔，以便种植时可以排出多余水分，避免烂根。

3
把准备好的植物种子或者已发芽的土豆等埋进土里，注意不要把泥土铺得太松散。

2
去掉皮靴内的鞋垫，在鞋子底部薄薄地铺一层小石子盖住底部，再铺上营养土，土层略低于靴口。

小提示

- 在皮靴的选择上以真皮制品为宜，因其皮质上的毛孔有利于植物的呼吸与生长。
- 如果皮靴内放入的是植物的种子，种子适宜埋在泥土表面下方约2厘米处，埋得太深不利于种子发芽。
- 初次种植，可以选择容易成活又具有"高颜值"的植物，如吊兰、万寿菊、太阳花、风铃草等。

■ 第3步：在照顾自然角环节和自由活动环节，孩子可以个别或结伴观察

1

孩子事先猜测：植物种在皮靴里能够存活吗？埋入皮靴里的种子能长出芽来吗？

2

分组确定每组负责照顾和观察的植物，组员轮流每天给植物浇水并记录。制作一块记录板贴在皮靴旁，由孩子记录植物在皮靴里的生长情况，验证自己的猜测。

科学小知识	■ 真皮材质的皮靴一般是用牛、羊等动物的皮革制作而成，因为动物皮革上有毛孔，可以透气，因此适宜植物的生长。选择旧皮靴时应以植物的生长特性为首要考虑要点，同时结合观赏陈列的美观要求来选择适宜的皮靴材质、形状、颜色及大小，还要考虑整体的搭配、当时的季节环境等因素。总体来说，比较理想的皮靴容器具有透气性能良好、质地轻、经久耐用等特点。

7 蜗牛

蜗牛吃什么   适用年龄：小班

科学目标
1. 观察
2. 发现蜗牛是杂食动物

缘起

雨过天晴，孩子们在操场散步时发现了一只蜗牛。"老师，我们把小蜗牛带回班级里去养吧！""可以呀！但你们可要记得给小蜗牛喂食哦！"于是教室里多了一处小蜗牛的饲养角。

■ 第1步：老师准备材料

1
蜗牛。

2
透明的塑料箱（有盖）。

3
各种蔬菜、杂草、瓜果皮。

小提示

■ 如有条件，可以选择体型较大的白玉蜗牛作为观察对象。

7 蜗牛　85

■ 第2步：老师和孩子一起创设观察环境

1
将蜗牛放入透明的塑料箱中。

2
孩子选择一种食物放入塑料箱中（一周更换一种食物种类）。

3
盖上塑料箱的盖子，避免蜗牛跑出来。

小提示

- 每次投放新食物之前都要清理前一次的食物残渣。
- 为防止蜗牛分泌的黏液将自己封闭起来，需每天清洗一次放置蜗牛的塑料箱。
- 可以让班级中每个孩子都带一种食物来喂蜗牛（每周更换一种食物），增强孩子的参与感和观察的兴趣。

■ **第3步：在照顾自然角环节和自由活动环节，孩子可以个别或结伴观察**

1
老师带领孩子每天用清水清洗饲养容器一次。清洗过程：先将塑料箱中蜗牛的食物倒掉，然后用清水清洗箱子中的黏液，再将洗干净的蜗牛放入塑料箱中，放入新鲜的食物。

2
孩子观察蜗牛对不同种类食物的进食情况。

3
老师组织孩子集体交流，找到蜗牛喜欢吃的食物是哪些。

科学小知识	
	■ 蜗牛觅食范围非常广泛，喜欢吃多汁的食物，如各种蔬菜、杂草和瓜果皮，以及农作物的叶、茎、芽、花和果实。蜗牛为了增加其外壳的硬度，还会摄入蛋壳等钙质食物。
	■ 蜗牛是世界上牙齿最多的动物，虽然它的口的大小和针尖差不多，却大约有26000颗牙齿。这些牙齿并不是"立体牙"，因此蜗牛无法咀嚼食物，而是依靠布满牙齿的带状结构——齿舌来碾碎食物。
	■ 蜗牛的消化道非常短小，所以需要不断进食，同时由于消化道短小，食物来不及消化就被排泄掉，以至于蜗牛的排泄物会呈现食物原有的颜色。

7 蜗牛　87

蜗牛的便便

适用年龄：中班

科学目标
1. 持续性观察，记录与交流
2. 发现蜗牛的便便会有不同的颜色，与它们所吃的食物有关

缘起

小蜗牛爬在墙壁上，身后留下了一点点白色的东西，孩子们为此争论起来：

"这是什么？""蜗牛的便便吧！""蜗牛的便便怎么是白色的呢？""平时我看到蜗牛的便便都是绿颜色的。"孩子们就有关蜗牛便便的问题展开了热烈的讨论。

■ 第1步：老师和孩子一起准备材料

1
3个直径约15厘米的有机玻璃透明管。

2
6只蜗牛。

3
保鲜膜。

4
生菜、红心火龙果、冬瓜等投喂蜗牛的食物。

小提示

- 选择生菜、红心火龙果、冬瓜这三种食物是为了使蜗牛排出不同颜色的便便，老师也可以提供其他有颜色的食物。
- 如有条件，可以选择体型较大的白玉蜗牛作为观察对象。

7 蜗牛

第2步：老师和孩子一起创设观察环境

1
在3个相同的有机玻璃透明管中，各放入2只蜗牛。

2
将生菜、红心火龙果、冬瓜分别放入3个有机玻璃透明管中，再用保鲜膜将透明管的两口封住。

小提示

- 若天气变冷，蜗牛会变得不喜欢吃食，低于16℃蜗牛就不再进食了。最适宜蜗牛的温度是25℃，因此建议把这个观察活动放在天气较暖和的季节进行。
- 投喂蜗牛的食物在天热的时候要每天更换，在天冷的时候可以两天换一次。

■ **第3步：在照顾自然角环节和自由活动环节，孩子可以个别或结伴观察**

1
孩子日常观察：蜗牛进食生菜、红心火龙果、冬瓜后的便便的颜色。

2
在区角中提供纸笔，孩子可以在观察后用绘画的方式记录蜗牛进食后排出的便便的颜色。

小提示

■ 蜗牛是杂食性的，可以让孩子喂食更多其他颜色的食物，看看蜗牛排出的便便的变化，增强孩子的观察兴趣。

蜗牛的爬行

适用年龄：大班

> **科学目标**
> 1. 观察、记录与交流
> 2. 发现蜗牛爬行时会留下黏液痕迹

缘起

"小蜗牛不见了！"大家纷纷在教室里找了起来，最后，菲菲在窗户玻璃上发现了蜗牛。看到这个现象，孩子们展开了讨论：为什么蜗牛能够待在滑滑的玻璃上而不掉下来呢？

■ 第1步：老师准备材料

1
蜗牛。

2
透明的塑料箱（有盖）。

3
托盘或较长的有机玻璃板。

4
投喂给蜗牛的不同食物。

小提示

■ 如有条件，可以选择体型较大的白玉蜗牛作为观察对象。

■ 第2步：老师和孩子一起创设观察环境

1
将蜗牛放入塑料箱中。

2
在塑料箱旁边放置一块托盘或有机玻璃板。

小提示

■ 观察蜗牛爬行时，可将蜗牛从饲养箱中取出，放在托盘或有机玻璃板上，观察完以后，再将蜗牛放置回饲养箱中，以防蜗牛丢失。

■ **第3步：在照顾自然角环节和自由活动环节，孩子可以个别或结伴观察**

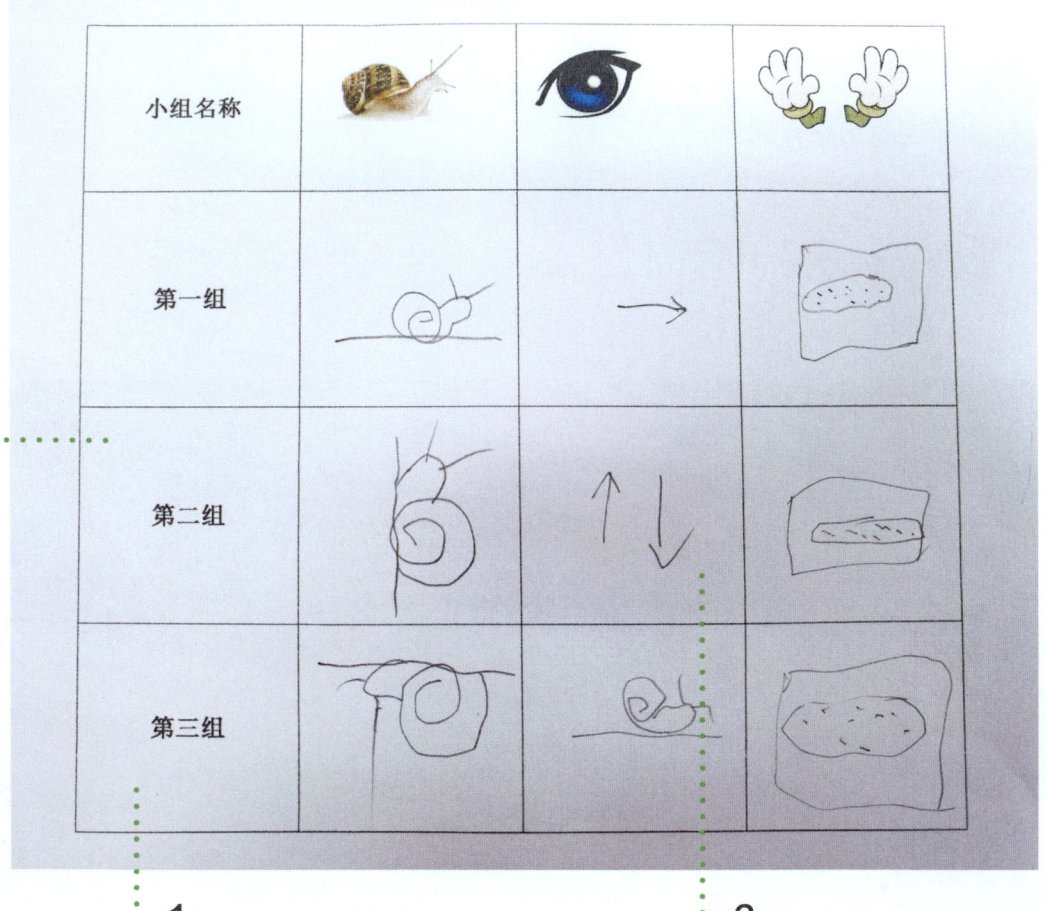

小组名称	🐌	👁	✋✋
第一组			
第二组			
第三组			

1
将孩子分组，以小组为单位进行观察：
第一组观察横向爬行的蜗牛；
第二组观察纵向爬行的蜗牛；
第三组观察倒过来爬行的蜗牛。

2
在区角提供纸笔，以小组为单位，让孩子在记录纸上记录下观察到的结果。

3
老师组织孩子集体讨论：蜗牛爬行时有什么特点。

科学小知识

■ 蜗牛是生活在陆地上的腹足类软体动物。爬行时用它的足紧贴在别的物体上，足部肌肉做波状蠕动，缓慢地向前爬行。蜗牛的足上生有一种腺体，叫做足腺，足腺能分泌出一种黏液，这种黏液痕迹干了以后，就会形成一条在光照下闪闪发光的涎线。

7 蜗牛　95

8 | 蚂蚁

蚂蚁喜欢吃什么　　适用年龄：小班

科学目标
1. 观察、预测与推断
2. 发现蚂蚁喜欢吃的食物有哪些

缘起

午餐后，老师带着孩子们在户外的种植园散步。小凡突然蹲在地上看着什么，其他的孩子也纷纷好奇地凑过去一探究竟。豆豆兴奋地说："老师，你看！蚂蚁在搬面包呢！""蚂蚁和我一样，也爱吃面包呢，哈哈！"小凡也在一旁应和着。祺祺好奇地问："那蚂蚁还爱吃什么呢？"

■ 第1步：老师准备材料

1
用于记录的展板 1 块，配有标题"蚂蚁喜欢吃什么"。

2
用色纸剪 3 个图案，贴在展板上作为不同的回答区，再在上面用透明胶带做若干条插槽。

3
孩子们的大头贴照片。

4
白砂糖、面包糠、食用盐各 1 袋。

5
小勺 1 把。

6
透明饲养箱（尺寸约 20 厘米 × 20 厘米 × 11 厘米）1 个。

7
蚂蚁若干。

8 蚂蚁

■ **第 2 步：老师和孩子一起创设观察环境**

1
在透明箱的三个角落里分别撒上白砂糖、面包糠和食用盐，每种各 2 勺。

2
将蚂蚁放入透明箱中。

小提示
- 也可以准备其他孩子感兴趣的食材投放进透明箱中进行实验。
- 需要注意的是，为了保证实验的科学性，所投放食材的量要大致相同。

■ **第 3 步：在照顾自然角环节和自由活动环节，孩子可以个别或结伴观察**

2
孩子用在展板上插入自己大头贴照片的方式来记录自己的猜测：蚂蚁喜欢吃什么？

1
孩子事先猜测：三堆食物中，哪堆食物聚集的蚂蚁最多？

3
孩子观察后验证自己的猜测，根据观察结果调整自己的大头贴照片在展板上的位置。

4
老师组织集体交流，大家一起说说蚂蚁喜欢的食物有哪些。

| 科学 小知识 | ■ 蚂蚁属于杂食性昆虫，它荤素同食，连昆虫的尸体也吃。所以有时可以看到许多蚂蚁在搬苍蝇、蟑螂等动物的尸体。
■ 虽然蚂蚁是杂食性的，但它也有相对比较喜欢吃的食物。通过实验可以发现：蚂蚁更喜欢吃甜食和荤食。 |

圈 圈里的蚂蚁　　适用年龄：中班

科学目标

1. 预测与推断
2. 发现蚂蚁如何突破障碍

缘起

午餐后，孩子们在花园里散步，皓皓突然叫起来："快来看呀，这里有好多蚂蚁，它们正在搬食物呢！"小宜连忙凑前看了看说："哇，这有块大石头，它们绕过去了，真聪明。"

■ 第1步：老师准备材料

1
1根橡皮圈。

2
1杯水，1支滴管。

3
约15只蚂蚁。

4
1把小勺。

5
1包食用盐。

6
3个直径为150毫米的玻璃培养皿。

8 蚂蚁

第 2 步：老师和孩子一起创设观察环境

1
在第一个培养皿中用滴管滴出一个水圈，直径约 9 厘米。

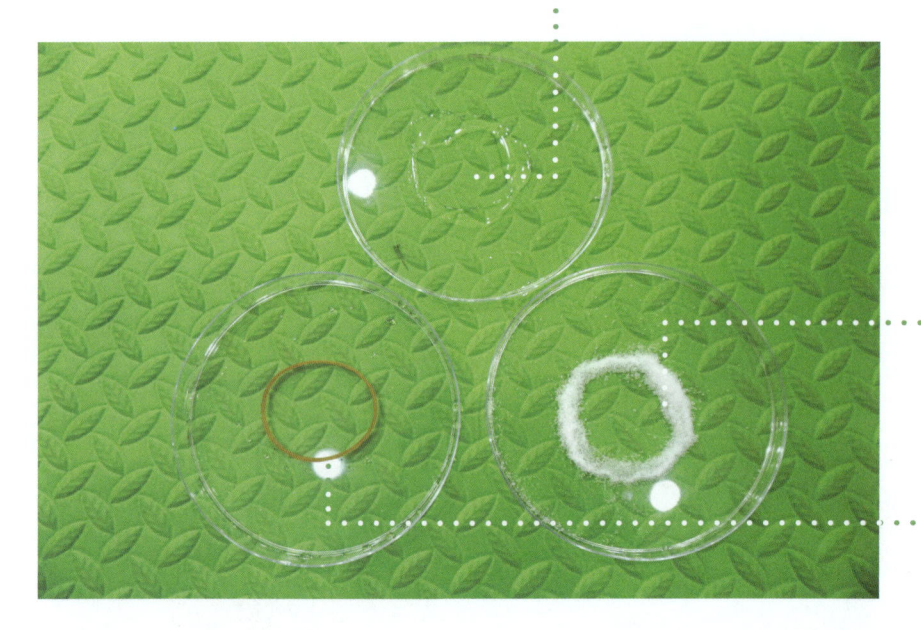

2
在第二个培养皿中用小勺舀出一个盐圈，直径约 9 厘米。

3
在第三个培养皿中放入一根直径约 9 厘米的橡皮圈。

4
5 只蚂蚁为一组，分别放入 3 个培养皿中的水圈、盐圈、橡皮圈的内侧。

小提示

- 不要直接用手捉蚂蚁，这样蚂蚁很容易受伤。让蚂蚁爬上纸片或小棒，然后再将其抖入培养皿中的圈内侧。

■ **第 3 步：在照顾自然角环节和自由活动环节，孩子可以个别或结伴观察**

1

孩子事先猜测：蚂蚁能通过用水（或盐、橡皮圈）形成的包围圈吗？

3

老师鼓励孩子进一步探究，尝试用更多的新材料（如白砂糖、食用油、植物籽）在培养皿内围成圈，观察蚂蚁在圈里的活动情况。

2

孩子观察并验证自己的猜测。

小提示

■ 在区角提供纸笔，孩子可以用简单的符号进行记录，也可以利用录音笔记录自己的发现。

蚂蚁的地下城堡

适用年龄：大班

科学目标
1. 观察、记录与交流
2. 发现蚂蚁会挖洞、筑造蚁穴

缘起

户外散步时，孩子们发现一群蚂蚁正在有序地往洞里搬运东西，但是却无法窥探到地下的情况，他们都很好奇：蚂蚁的家是什么样的？蚂蚁的家又是怎么建起来的？

■ 第1步：老师准备材料

1
滴管、保湿棉。

2
蚂蚁，蚂蚁城堡玩具。

3
提供给蚂蚁的食物，如桂圆、葡萄。

4
放大镜。

5
镊子。

6
观察记录表，笔。

小提示

■ 不要直接用手捉蚂蚁，这样蚂蚁很容易受伤。若对活蚂蚁束手无策，可以先将蚂蚁放至冰箱的冷藏室待上2-3分钟，蚂蚁会因此变得行动迟缓。注意冷藏的温度不能太低，时间不能太长，避免蚂蚁被冻死。

8 蚂蚁 105

■ 第2步：老师和孩子一起创设观察环境

1 按说明书要求组装蚂蚁城堡。

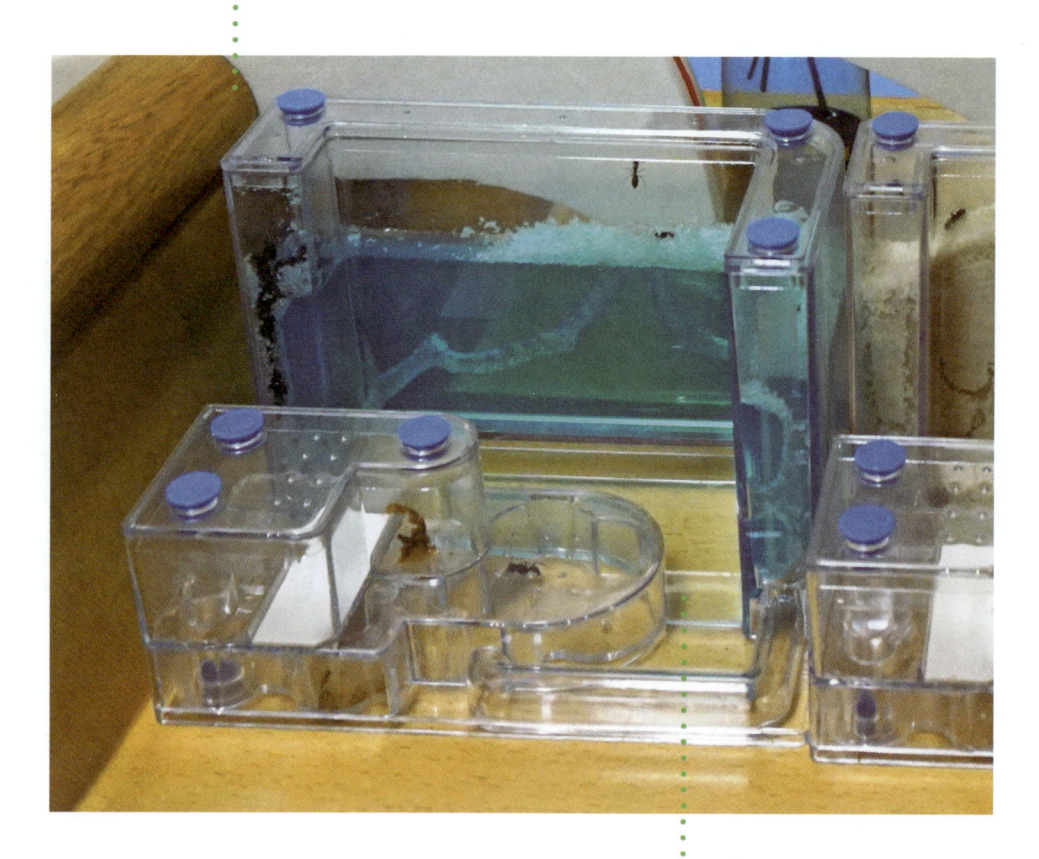

2 把装有蚂蚁的长管的一头插在蚂蚁城堡上方的一个孔上，让蚂蚁自己爬进城堡内。

小提示

- 在喂水区内放入保湿棉，防止水分蒸发，也可以防止移动蚂蚁城堡时水溢出。还可以取少量棉花泡在干净的水里，吸满水后平铺在保湿装置里。

■ **第3步：在照顾自然角环节和自由活动环节，孩子可以个别或结伴观察**

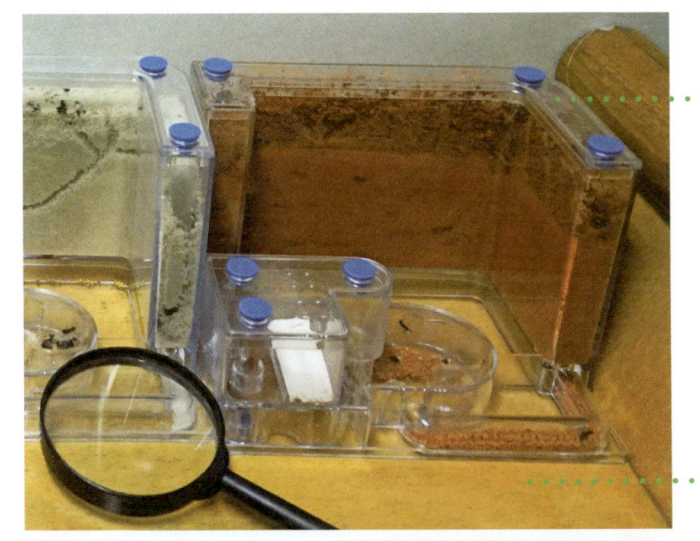

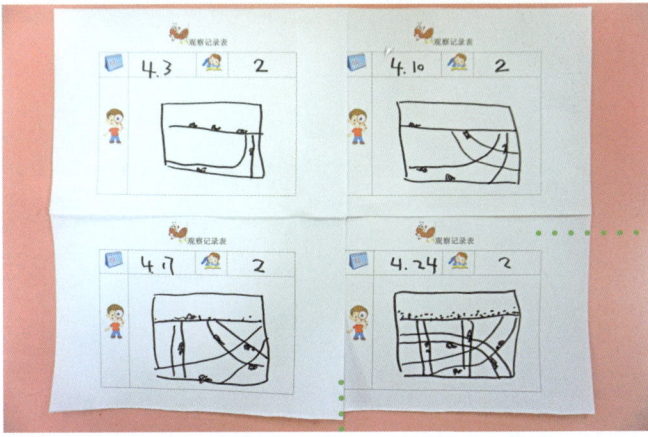

1
值日生定期喂食（1周1-2次）：把食物切成小块（大小类似黄豆这么大），用镊子夹住食物从喂食区上方的小孔投入。

2
值日生定期喂水（1周1-2次）：用滴管吸水，通过喂水区上方的小孔把水滴入。

3
孩子日常观察蚂蚁挖掘（或清理）巢穴的情景。在区角提供纸笔和观察记录表，让孩子用图画的方式在记录表上进行记录。

4
老师和孩子一起集体交流：蚂蚁是如何建造蚁穴的？

| 科学 小知识 | ■ 蚂蚁是典型的社会性昆虫，也是动物世界赫赫有名的"建筑师"。它们利用颚部在地下挖洞，通过一粒一粒地搬运沙土来建造它们的蚁穴。蚁穴的"房间"将一直保持建造之初的形态，除非土壤严重干化、开裂崩塌。蚁巢内有许多分室，这些分室各有用处。蚁穴牢固、安全、舒适，道路四通八达，错综复杂。 |

蝌蚪

可爱的蝌蚪　　适用年龄：小班

科学目标
1. 观察
2. 发现蝌蚪的外形特点

缘起

又到了春暖花开的季节，孩子们纷纷外出踏青。轩轩和外婆去苏州老家玩，回上海时带了一些蝌蚪到幼儿园来饲养，其他孩子对这些有着黑黑脑袋、细细尾巴的小家伙都非常感兴趣，经常围在一起观察。

■ 第1步：老师准备材料

1
大口径的透明塑料瓶 4 个。

2
蜡笔若干。

3
水草 4 棵，菠菜、圆白菜等菜叶若干。

4
蝌蚪 20 只。

5
白纸若干。

9 蝌蚪

第2步：老师和孩子一起创设观察环境

1
在4个干净的塑料瓶中分别装入半瓶水和5只蝌蚪。

2
在4个塑料瓶中分别加入1棵水草。

小提示
- 自来水中有氯气，蝌蚪在其中不易存活，因此需将自来水暴晒1天后才可作为养蝌蚪的水使用。
- 在瓶中加入水草不仅是为了美观，水草能在水中释放出更多氧气。

■ **第3步：在照顾自然角环节和自由活动环节，孩子可以个别或结伴观察**

1

将孩子分为 4 组，每组分别照顾 1 瓶蝌蚪，组员每天轮流给蝌蚪喂食。在蝌蚪小的时候可以给它们喂碎菜叶，如菠菜、圆白菜等，等蝌蚪再长大些可以喂一些鲣鱼粉等荤质食物。

2

组员轮流换水，间隔 3-4 天。

3

日常观察蝌蚪的外形特点及喜欢的食物。

4

提供纸笔，让孩子用绘画的方式在白纸上表现蝌蚪的外形特点。

小提示

■ 如果发现蝌蚪浮在水面不愿在水中，说明水中的氧气不足，应该换水了。

蝌蚪的新家

适用年龄：中班

科学目标
1. 观察、预测与推断
2. 发现蝌蚪的外形会发生变化，需要的生活场景也要相应变化

缘起

孩子们在看完动画片《小蝌蚪找妈妈》后，纷纷讨论：小蝌蚪是生长在水里的，而青蛙妈妈有时会到岸上去，它们怎么能生活在一起呢？小蝌蚪到岸上会不会死掉呢？

■ 第1步：老师准备材料

1

1个中号塑料缸（带晒台），尺寸约为26.5厘米×20.5厘米×13厘米。

2

10只蝌蚪。

3

1袋河沙。

科学小知识	■ 蝌蚪是青蛙和蟾蜍的水生幼体。体色较浅、身体略呈圆形、尾长、口长在头部前端的是青蛙的蝌蚪；体色较黑而尾部体色较浅、身体呈椭圆形、尾短、口长在头部前端腹面的则是蟾蜍的蝌蚪。密集成群的是蟾蜍的蝌蚪，较为分散的大都是青蛙的蝌蚪。

■ 第 2 步：老师和孩子一起创设观察环境

1

在塑料缸内放入一些河沙，塑造出一个斜坡。

2

向缸内倒水，在斜坡底部形成有一定深度的水滩。

■ **第 3 步：在照顾自然角环节和自由活动环节，孩子可以个别或结伴观察**

1
孩子事先猜测：蝌蚪什么时候会上岸（到沙子上）。

3
老师组织孩子集体交流：蝌蚪是如何一步步变成青蛙的。

2
孩子日常观察蝌蚪长出四肢、从水中到岸上的变化。

科学小知识	■ 刚孵出的蝌蚪，身体弱小，对外界环境，特别是对水温、水质和光照敏感。在水质管理上要求细水长流，清新无污染，水温保持在 20～29℃，水域 pH 值为 6～8 之间。同时要注意避免阳光直接照射。

9 蝌蚪

蝌蚪变青蛙 适用年龄：大班

科学目标
1. 观察、记录与交流
2. 发现蝌蚪变形为青蛙的过程

缘起

自由活动时间，元元和伙伴们热烈讨论着周末去动物园的事儿："在那里有一个'青蛙小站'，我可以看到青蛙是怎么长大的，很神奇！"孩子们被元元的描述吸引住了，也想看看小蝌蚪变青蛙的过程。

■ 第1步：老师准备材料

1 水草 3 棵。

2 蛋型透明玻璃瓶 3 个。

3 蝌蚪 15 只。

4 玻璃砂 250 克。

5 河水。

小提示

- 若没有现成河水，可将自来水暴晒 1 天后再用来养蝌蚪。
- 水草既是小蝌蚪的食物，又能净化水质。

9 蝌蚪

第 2 步：老师和孩子一起创设观察环境

1
在 3 个干净的玻璃瓶中分别铺上玻璃砂，再装入半瓶水和 5 只蝌蚪。

2
在 3 个玻璃瓶中分别加入 1 棵水草。

观察记录表

3
投放观察记录表和笔。

小提示

- 当蝌蚪长出四肢以后就不再适合养在水里了，要将蝌蚪移到有水和石头的水缸里（注意水不能没过石头）。

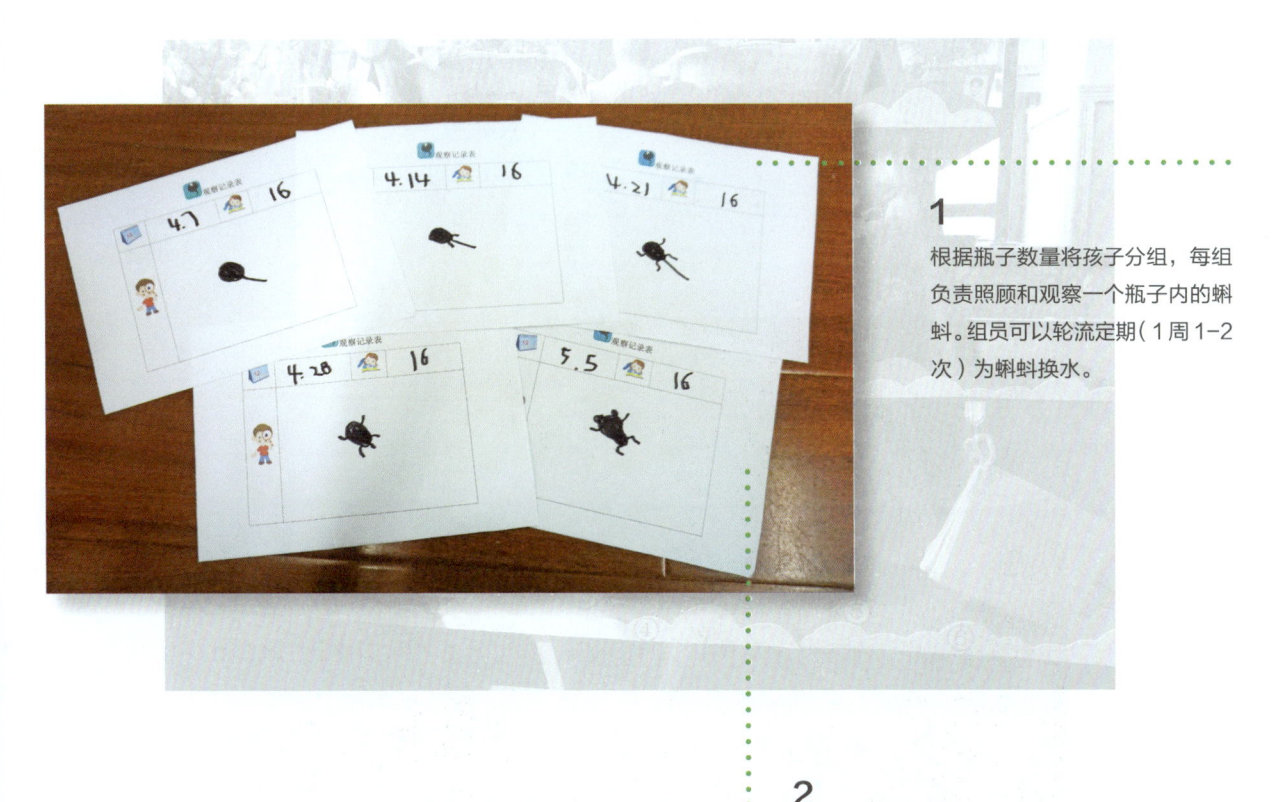

■ **第3步：在照顾自然角环节和自由活动环节，孩子可以个别或结伴观察**

1
根据瓶子数量将孩子分组，每组负责照顾和观察一个瓶子内的蝌蚪。组员可以轮流定期（1周1-2次）为蝌蚪换水。

2
孩子用图画的方式在观察记录表上记录蝌蚪生长变化的过程。

科学小知识	■ 长出前肢的发育期是蝌蚪在成长过程中必须面对的最困难的一关，即蝌蚪开始转变自己的生命形态。蝌蚪和鱼一样是用"鳃"在水中呼吸。而到此刻，蝌蚪必须经历身体的内、外部各器官由适应水栖生活环境转变成适应水陆两栖生活环境的过程。蝌蚪的鳃会退化并且长出前肢，这时候的蝌蚪必须经常地从水底游上水面吸一口新鲜空气，然后准备离开水池，到陆地上用新演化成的"肺"呼吸空气。因此，在这个阶段，需要提供能使蝌蚪爬上岸的地形环境。

9 蝌蚪　119

10 蚕宝宝

爱吃桑叶的蚕宝宝

适用年龄：小班

科学目标
1. 观察
2. 发现蚕以桑叶为食物

缘起

丫丫从家里带来了一些蚕宝宝，孩子们马上喜欢上了这些圆滚滚的小家伙："快瞧，它们在吃叶子呢！""妈妈告诉我蚕宝宝吃的是桑叶。""它们看起来好可爱啊！"

■ 第1步：老师准备材料

3
纸盒2个（可选用儿童鞋盒）。

1
蚕宝宝20条，新鲜桑叶若干。

2
纸巾。

小提示

- 可直接选择三龄以上的蚕（已蜕皮至少3次），因其体型较大，便于小班孩子观察。

第 2 步：老师和孩子一起创设观察环境

1
将干净的纸巾平铺在纸盒底部，保持饲养盒内的清洁。

2
将蚕宝宝和桑叶放入纸盒中。

3
可以用另一个鞋盒作为套子，覆盖养蚕的纸盒。

小提示

- 蚕宝宝喜欢干净卫生的环境，因此建议每天更换盒内的纸巾并清理饲养盒。
- 多余的桑叶可以存放在另外的纸盒中，可以选择抽拉式的鞋盒，便于小班孩子拿取。
- 可以将观察角命名为"蚕宝宝的餐厅"，有助于引导小班孩子将观察点聚焦在蚕宝宝的食物上，也容易对蚕宝宝产生亲近感。
- 需选择无农药、无水分的桑叶，以防蚕宝宝食用后致病。

■ **第3步：在照顾自然角环节和自由活动环节，孩子可以个别或结伴观察**

1
孩子观察并认识桑叶。

2
孩子日常观察蚕宝宝吃桑叶的情况。

3
当日值日生每天和老师一起清理饲养盒，给蚕宝宝投喂新鲜桑叶。

科学小知识	■ 适宜蚕宝宝生存的温度是 20℃—30℃，所以不能将其直接放在温度很高的地方，还要避免被阳光直射，因此在非观察时最好盖上饲养盒的盒盖。 ■ 蚕宝宝以桑叶为食物，桑叶要保持新鲜，每天投喂几片。多余的桑叶可以装在冰箱里保鲜，从冰箱拿出来后，要静置一会儿，让桑叶上的水珠蒸发后才能投喂给蚕宝宝。

蚕宝宝长大了

适用年龄：中班

科学目标
1. 观察、预测与推断
2. 发现蚕的生长变化过程

缘起

春天到了，一个孩子带来了刚从卵中孵化出的蚁蚕，其他孩子马上被吸引过来并展开讨论："这是什么虫子？""这是蚕宝宝呀。""怎么可能？我见过的蚕宝宝都是白白胖胖的，这个又黑又小，肯定是虫子。"听到孩子们的争论，老师提议："我们饲养这些虫子一段时间吧，等它们长大了就知道究竟是不是蚕宝宝了。"孩子们纷纷点头赞成。

■ 第1步：老师准备材料

1
饲养盒（可选用带盖的鞋盒）6个。

2
纸巾。

3
刚从卵孵化出的蚁蚕若干，新鲜桑叶若干。

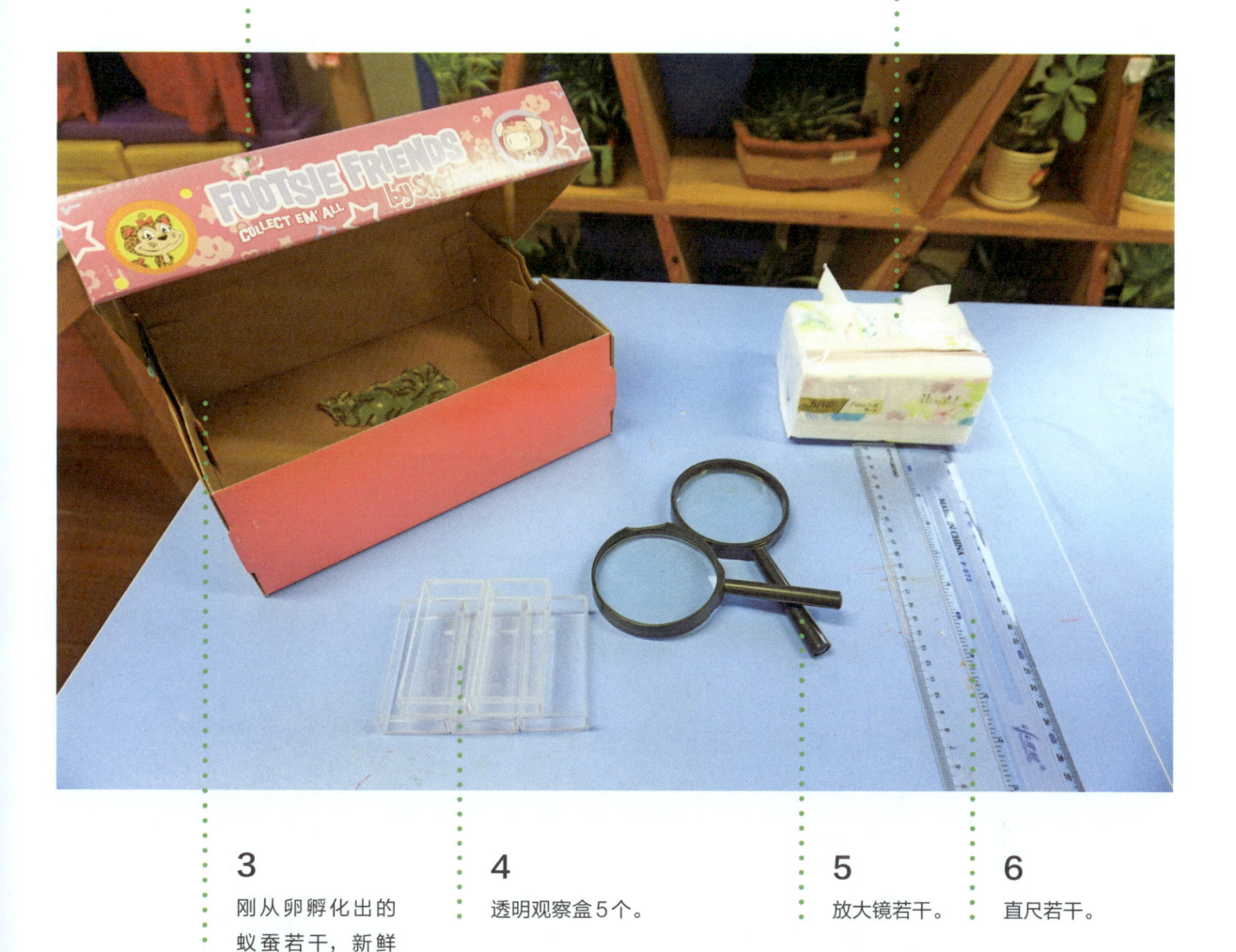

4
透明观察盒5个。

5
放大镜若干。

6
直尺若干。

小提示

■ 刚从卵中孵化出来的蚕宝宝，黑黑的像蚂蚁，称为"蚁蚕"，它们身上长满细毛，约几天后细毛便不明显了。蚁蚕出壳后约40分钟即有食欲，这时就要开始投喂桑叶了。

■ 第2步：老师和孩子一起创设观察环境

3
将蚁蚕放入盒中，撒上若干桑叶。

1
用笔尖在鞋盒的顶盖扎出若干小洞，让鞋盒保持透气。

2
将干净的纸巾平铺在鞋盒底部，保持饲养盒内清洁。

小提示

- 春季是适合养蚕的季节。
- 蚕宝宝喜欢干净卫生的环境，因此建议每天更换盒内的纸巾并清理饲养盒。
- 给蚕宝宝喂食用的桑叶应保持干燥。

■ **第3步：在照顾自然角环节和自由活动环节，孩子可以个别或结伴观察**

1
孩子事先猜测：饲养盒中的蚁蚕究竟是否为蚕宝宝？

2
由当日值日生负责清理饲养盒并投放新鲜桑叶。

3
孩子日常观察蚕宝宝的生长变化过程（包括进食、蜕皮、结茧等）。整个饲养过程中，比较蚕宝宝身体的颜色、体型、食量以及粪便的变化。

4
每周一次由当日值日生以照片、符号的方式记录蚕宝宝的生长过程，并汇总在对应的时间轴图上。

5
一个月后，待蚕宝宝完全长大，验证蚁蚕是否就是蚕宝宝，以此了解蚕的生长过程及其外形变化。

小提示

- 由于蚕的饲养需要一定的周期，因此日常记录的时间建议为每周记录一次。
- 利用时间轴图的记录方式，能帮助中班孩子充分回顾整个饲养过程，获得整体性的了解。
- 在记录内容上，可以通过照片、绘画以及录音笔等方式呈现，满足不同能力孩子的需求。
- 在孩子使用观察工具——放大镜和观察盒时，老师应当给予如何正确使用工具的指导。
- 在记录方面，老师要尽可能为孩子提供多媒体设备（如相机、平板电脑等）进行记录，并为他们将相关内容打印出来，让孩子可以更直观地了解蚕的生长变化过程。

蚕 宝宝长什么样　　适用年龄：大班

科学目标

1. 观察、记录与交流
2. 发现蚕宝宝的外形特征及其作用

缘起

今天，负责照顾自然角的几个值日生争执了起来："蚕宝宝的眼睛在头上。""不对的，如果头上的黑点是眼睛，那么身体旁边的黑点也都是眼睛吗？"围观的孩子这才发现蚕宝宝的身体上也有许许多多的黑点。"蚕宝宝长得好奇怪哦！"孩子们感叹道。

■ 第 1 步：老师准备材料

1
蚁蚕 30 条，新鲜桑叶若干。

2
纸巾 1 包，放大镜若干。

3
透明观察盒 5 个。

4
饲养盒（可选用带盖的儿童鞋盒）6 个。

■ 第 2 步：老师和孩子一起创设观察环境

1
将干净的纸巾平铺在鞋盒内的底部，保持饲养盒内的清洁。

2
用笔尖在鞋盒的顶盖上扎出若干小洞，让鞋盒保持透气。

3
将蚁蚕平均地放入几个纸盒中，撒上桑叶若干。

小提示

- 春季是适合养蚕的季节。
- 按照班级小组数量确定饲养盒个数，让每个孩子都有机会亲身观察并体验。

第3步：在照顾自然角环节和自由活动环节，孩子可以个别或结伴观察

1

在墙面上粘贴一张大纸作为问题墙，老师可以帮助孩子将问题和逐步获知的答案记录在上面，例如：
- 蚕宝宝有多少对足？为什么会长得不一样？（8对）
- 蚕宝宝的眼睛在哪里？（头部）
- 蚕宝宝身体两边的黑点是眼睛吗？（是气孔）它们有什么作用？
- 蚕宝宝尾端尖尖的部位是尾巴吗？有什么作用？（可监测蚕宝宝的健康状况，如若发黑则为病态）
……

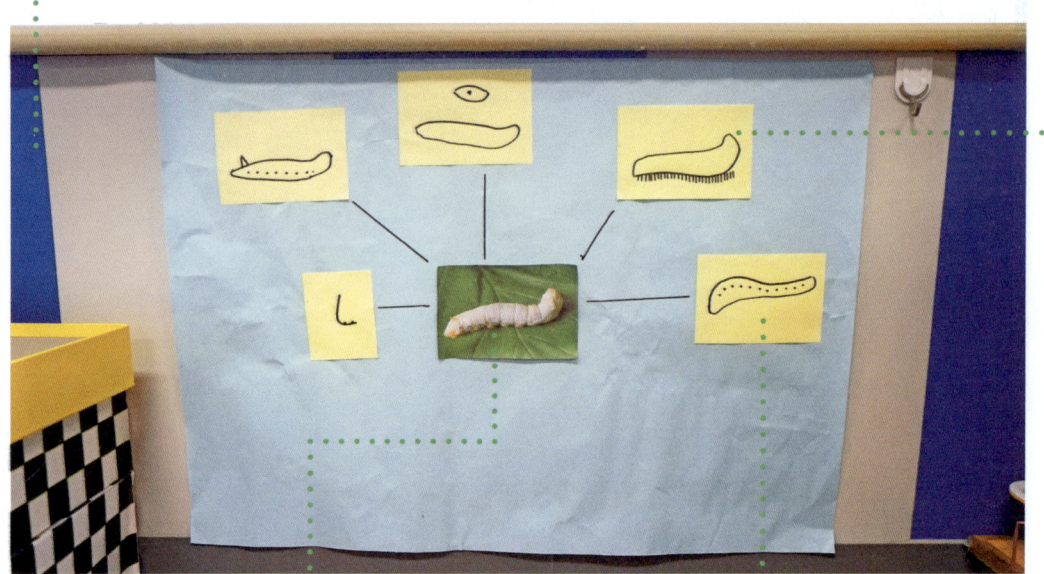

4

每周一次，由当日值日生记录蚕宝宝的外形变化以及对外形特点的新发现。

2

由当日值日生负责每天清理饲养盒，并投放桑叶。

3

孩子日常观察蚕的外形特征（眼睛、足、气孔、嘴巴等）。

小提示

■ 饲养过程中应注意保持盒内清洁，由当日值日生每天清理一次饲养盒。喂食用的桑叶应保持干燥。

5

当孩子使用观察工具——放大镜和观察盒时，老师应当给予如何正确使用工具的指导。

6

老师组织集体交流，汇总整个饲养周期中孩子的发现。

科学小知识	
	■ 家蚕具有外骨骼，这是主要由几丁质组成的骨化的身体外壳，肌肉着生于其内壁。外骨骼有保护和支持的作用，可以防止体内水分的蒸发，以适应干燥的陆生环境。但外骨骼不能随着家蚕身体的生长而长大，因此，当外骨骼阻碍了家蚕生长时，就会出现蜕皮现象。家蚕幼虫每隔5-6天，就蜕一次皮，经过4次蜕皮后，幼虫停止摄食并吐丝结茧。结茧后的幼虫化为蛹，到了蛹期，不食不动，过一段时间后羽化为蚕蛾。
	■ 五龄蚕需用2天2夜的时间才能结成一个茧，做茧的丝可以延伸1.5公里长！蚕蛾出茧后，雌蛾尾部会发出一种气味引诱雄蛾来交尾，交尾后雌蛾约花4-5个小时产下约500个卵，然后慢慢死去。

11 蚯蚓

蠕动的蚯蚓　　适用年龄：小班

科学目标
1. 观察
2. 发现蚯蚓的外形特点和爬行方式

缘起

刚下过雨的操场非常潮湿，佑佑发现了一条蚯蚓，他找来了小伙伴一起看。他们看着蠕动的蚯蚓，不敢靠近。老师走过来说道："这是蚯蚓，也是一种小动物。"孩子们好奇地围观着。大家决定把蚯蚓带回教室，一起来观察。

■ 第1步：老师准备材料

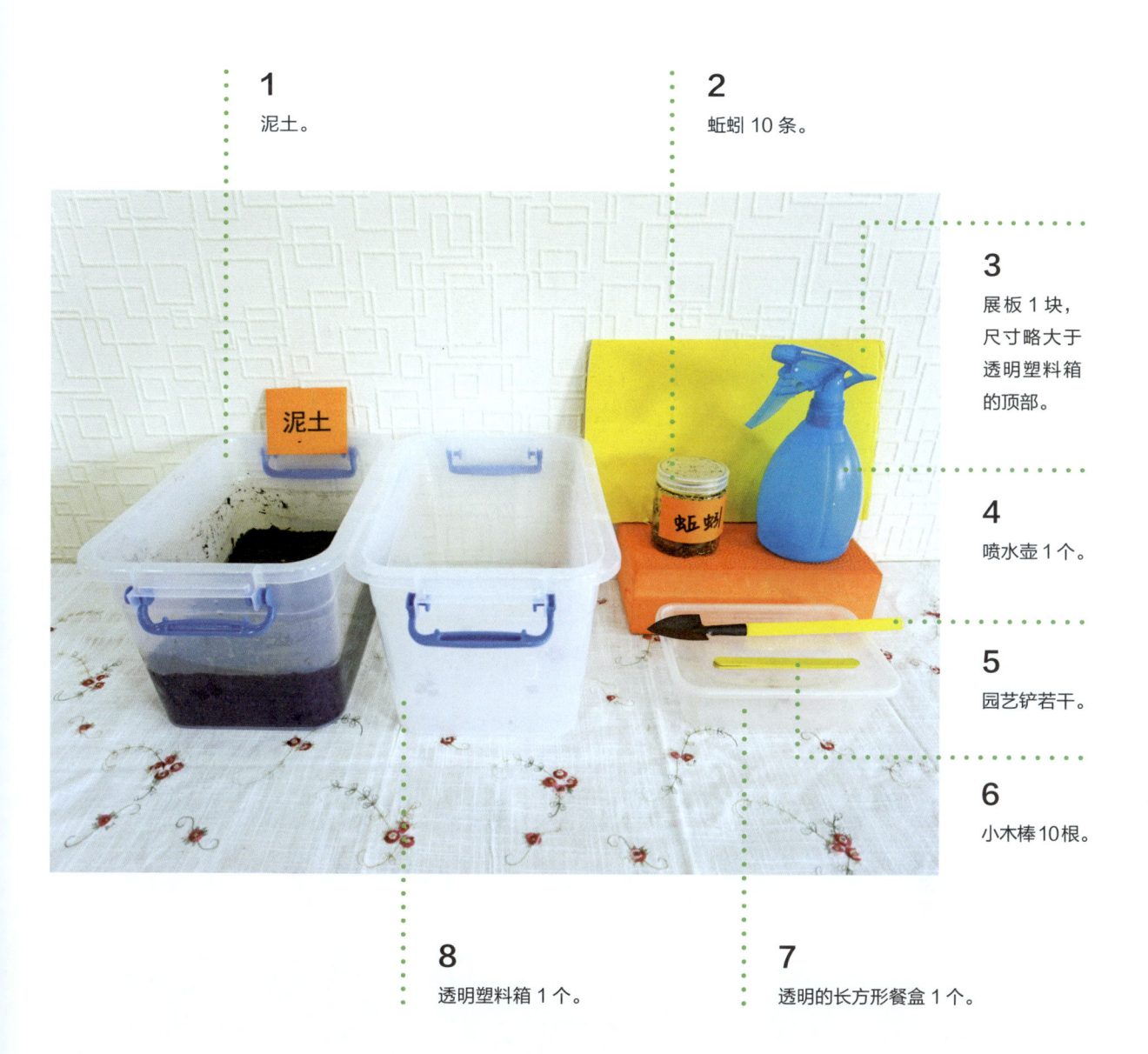

1
泥土。

2
蚯蚓 10 条。

3
展板 1 块，尺寸略大于透明塑料箱的顶部。

4
喷水壶 1 个。

5
园艺铲若干。

6
小木棒 10 根。

8
透明塑料箱 1 个。

7
透明的长方形餐盒 1 个。

■ 第2步：老师和孩子一起创设观察环境

2
用展板盖住塑料箱的顶部，将观察箱放在阴暗处，模拟蚯蚓喜欢的阴暗的生活环境。

1
将泥土倒入透明塑料箱中，先倒入至箱体一半，放入蚯蚓，再次覆上泥土，直至将泥土倒满至箱口。

3
在观察区，投放透明塑料盒、园艺铲和小木棒。

小提示

- 蚯蚓的饲养由老师负责，用于饲养蚯蚓的土壤不可过于干燥，需要保持湿润（将泥土放在手掌中，轻轻握拳再松开，以手中的泥土潮湿但不滴水为最佳）。
- 为确保蚯蚓能正常活动，该活动适宜在10℃-25℃的温度下进行。

■ 第3步：在照顾自然角环节和自由活动环节，孩子可以个别或结伴观察

1

孩子借助工具（园艺铲、小木棒）拨开泥土，翻找蚯蚓，仔细观察蚯蚓的外部特征。

3

孩子可以将蚯蚓放入透明的小塑料盒中，观察蚯蚓的爬行方式。

2

老师可以引导胆子较大的孩子，将蚯蚓轻轻拿在手中，感受蚯蚓柔软、湿润的身体状态。

4

老师和孩子一起集体讨论：
（1）有没有找到蚯蚓？（蚯蚓藏在了泥土里，要仔细找才能发现）
（2）蚯蚓的身体是什么样子的？（蚯蚓的颜色是咖啡色的；身体是细细长长的）
（3）蚯蚓是怎么往前爬的？（身体一扭一扭，蠕动往前爬）
（4）有没有摸过蚯蚓？摸上去有什么感觉？（蚯蚓摸上去湿湿的，很软）

小提示

- 当孩子触摸蚯蚓时，老师要提醒他们轻拿轻放，不可用力。
- 在观察蚯蚓爬行的方式时，将装了蚯蚓的透明小塑料盒静止地放在桌面上，更便于孩子观察。

能干的蚯蚓

适用年龄：中班

科学目标
1. 观察、预测与推断
2. 发现蚯蚓有翻土的本领

缘起

在一次种植园活动中，菲菲发现了泥土里的蚯蚓，她指着蚯蚓说："快看，有虫子。"轩轩叫道："它在吃植物吗？"慕慕说："不对不对，蚯蚓是不会吃植物的。"孩子们就蚯蚓的问题争论了起来，他们都想知道蚯蚓在泥土中干什么。最后，孩子们决定在教室里进行观察，看看蚯蚓在泥土中到底在忙些什么。

■ 第1步：老师准备材料

6
透明塑料罐4个。

1 泥土。

2 沙子。

3 小麦种子。

4 园艺铲若干。

5 蚯蚓14条。

小提示

- 蚯蚓可以由老师和孩子一起从户外寻找和捕捉而获得。
- 饲养蚯蚓最适宜的温度为15℃－20℃，在此温度区间内，蚯蚓最为活跃。若处于5℃以下，或30℃以上，蚯蚓会停止活动。

11 蚯蚓　137

■ 第2步：老师和孩子一起创设观察环境

1
给4个透明塑料罐进行编号。

2
将泥土和沙子间隔地倒入罐中，并在泥土和沙子倒入至罐体的一半时，放入蚯蚓，再继续间隔地用泥土和沙子填满罐体。其中，1号瓶不放蚯蚓，2号瓶放1条蚯蚓，3号瓶放3条蚯蚓，4号瓶放10条蚯蚓。

3
将小麦种子撒入4个塑料罐最上层的泥土中。

小提示
- 4个塑料罐制作完成后，要放在散光通风处，避免太阳直射。
- 也可以用2.5升的透明可乐瓶代替塑料罐，这也是一种对废旧物品进行回收利用的行为。
- 不要让孩子知道哪个塑料罐中放了多少条蚯蚓。

第3步：在照顾自然角环节和自由活动环节，孩子可以个别或结伴观察

1
孩子日常观察4个塑料罐中泥土层与沙子层的变化情况。

2
孩子根据观察进行猜测：罐子里有几条蚯蚓，并将自己猜想的结果用数字标签贴在一旁记录板上。

3
在区角提供纸笔，让孩子记录罐中泥土层与沙子层的变化。

4
老师组织集体讨论：
（1）蚯蚓在泥土层与沙子层中爬行过的路线是怎样的。
（2）泥土层与沙子层的变化情况与蚯蚓数量之间有什么关系。

科学小知识

- 蚯蚓没有眼睛和四肢，身体呈咖啡色，圆筒状，两侧对称，身体上还有一个颜色比周围皮肤稍浅的环节。
- 蚯蚓依靠湿润的体表进行呼吸，土壤中的氧气先溶解在体表黏液中，然后扩散进入体壁的毛细血管中。土壤中的水分过多会导致土壤中的间隙被封闭，从而使土壤中缺氧，蚯蚓就无法在土壤中正常呼吸，所以大雨过后常见蚯蚓钻出土壤，在地面爬行。
- 蚯蚓畏光，太阳长时间直射容易导致蚯蚓死亡，所以蚯蚓不会出现在阳光强烈的地方。
- 蚯蚓也被称为人类的帮手、地下耕耘者，喜欢生活在地下10-30厘米深处。蚯蚓的运动和排泄物对改良土壤非常有益，可明显提高土壤的透气性。

11 蚯蚓　139

蚯蚓的家 适用年龄：大班

科学目标
1. 观察、预测与推断
2. 发现蚯蚓喜欢的生活环境

缘起

　　老师在书架上放了一本图画书《蚯蚓的日记》，孩子们看完之后都对蚯蚓产生了兴趣。在这本书中，蚯蚓住在泥土里，也常常会跑到地面上玩。但现实生活中，我们并不会经常在地面上看到蚯蚓，那蚯蚓到底喜欢什么样的地方呢？它什么时候会到地面上来呢？带着这些问题，孩子们把蚯蚓带进了教室并开始观察。

140　角落里的生机——图解幼儿园自然角的创设与变化（春夏篇）

■ 第 1 步：老师准备材料

1
展板 1 块，尺寸略大于塑料箱顶的面积。

2
数字标签。

3
园艺铲若干。

4
蚯蚓 20 条。

5
塑料箱 1 个（尺寸约 45 厘米 ×32 厘米 ×155.5 厘米）。

6
泥土。

小提示

- 蚯蚓可以由老师和孩子一起从户外寻找和捕捉而获得。

■ **第 2 步：老师和孩子一起创设观察环境**

1

将泥土平均分为 3 份：

第 1 份：将泥土放在太阳下暴晒，使泥土变得干燥，缺少水分。

第 2 份：在泥土中倒入少量的水，使土壤湿润，轻捏不结块。

第 3 份：在泥土中倒入大量的水，使泥土潮湿且有滴水。

2

将 3 份泥土分别依次倒入塑料箱内，并插上数字标签（1：干燥的泥土；2：湿润的泥土；3：潮湿的泥土。3 份泥土在箱内的厚度要超过 10 厘米）。

4

用展板盖住塑料盒，以防止蚯蚓逃出。当孩子观察时，再取下展板。

3

将蚯蚓放入塑料箱内。

小提示

- 放入蚯蚓的塑料箱需要放在阴凉处，避免太阳直射。
- 老师负责关注箱中泥土的湿度，确保 3 个泥土区域一直分别维持在干燥、湿润、潮湿的状态。
- 最适宜的观察温度为 15℃-20℃，在这一温度范围下，蚯蚓的活动最为活跃。若处于 5℃以下或 30℃以上，蚯蚓则会停止活动。

■ **第3步：在照顾自然角环节和自由活动环节，孩子可以个别或结伴观察**

1
孩子事先猜测：3个泥土区域中的蚯蚓的数量，以及蚯蚓喜欢的生活环境。

2
孩子借助工具，每隔一段时间翻开泥土，观察3个泥土区域中的蚯蚓数量。

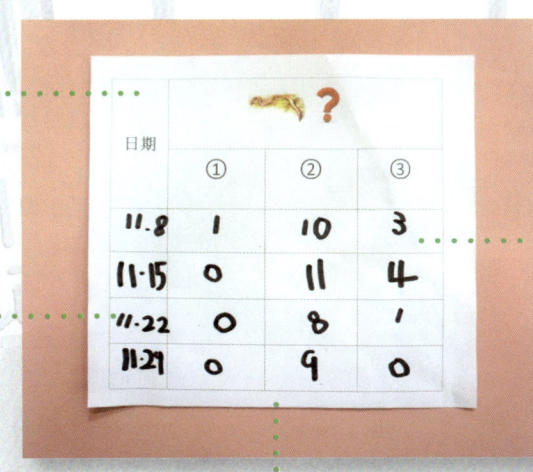

3
在区角提供记录表和笔，孩子在观察后记录：3个泥土区域中的蚯蚓数量。

4
老师和孩子集体讨论：蚯蚓喜欢哪种生活环境。

日期	①	②	③
11.8	1	10	3
11.15	0	11	4
11.22	0	8	1
11.29	0	9	0

小提示

■ 老师可以在阅读区或观察区旁为孩子提供相关的书籍，参考书目包括《看家门外的自然课系列之看！蚯蚓》、《了不起的地下工作者：蚯蚓的故事》、《蒲公英科学绘本（第8辑）：要不要一起钻进蚯蚓洞？》、《不一样的大自然科学绘本：和米亚一起养蚯蚓》等。

12 泥鳅

泥鳅喜欢吃什么

适用年龄：小班

科学目标
1. 观察
2. 发现泥鳅喜欢的食物

缘起

在一次观察泥鳅的活动后，有孩子问："这些泥鳅我们可以养在自然角里吗？""不行，泥鳅太多了，不好养的。"马上有人反驳。"可以的，我看到菜场里面的泥鳅就是养在一起的。"……在孩子们的讨论声中，我们班级的自然角又多了一位新成员——泥鳅。

■ 第1步：老师准备材料

4
说明展板1块。

1
小鱼缸3个。

2
米饭、白馒头、红线虫等准备投喂给泥鳅吃的食物。

3
泥鳅3条。

小提示

■ 鱼缸数量和泥鳅数量保持一致，每个小鱼缸只放1条泥鳅。

■ 第2步：老师和孩子一起创设观察环境

2
请家长带着孩子一起上网查一查泥鳅喜欢吃什么，并将食物带来幼儿园投喂给泥鳅。

1
将泥鳅放入小鱼缸内饲养，水量以没过泥鳅为宜。

小提示
- 每隔2-3天，由当日值日生换一次鱼缸中的水。
- 避免将饲养的泥鳅放置在阳光直射的地方。
- 若使用自来水，则要将水事先放置一段时间，净化水里的氯气后，才能用来养泥鳅。

■ **第 3 步：在照顾自然角环节和自由活动环节，孩子可以个别或结伴观察**

1
老师指导孩子给泥鳅喂食，在 3 个鱼缸里分别投放不同的食物（米饭、白馒头、红线虫或其他孩子准备的食物）喂养泥鳅，观察泥鳅喜欢吃什么。

2
孩子将自己对"泥鳅喜欢吃什么"的发现，以贴五角星的方式体现在展板上，在相应的食物图片处贴贴纸。

科学小知识	
	■ 泥鳅与其他鱼在外表、体形和生活习性等方面都不相同，属于一种很特殊的鱼类。
	■ 泥鳅多在晚上出来捕食浮游生物、水生昆虫、甲壳动物、水生高等植物碎屑以及藻类等，有时亦摄取水底腐殖质或泥渣。饲养泥鳅时，可以用金鱼饵料或者热带鱼饵料进行喂养。泥鳅也爱吃鱼虫，偶尔可以投喂一些鱼虫给泥鳅吃。

泥鳅和螺蛳

适用年龄：中班

科学目标
1. 持续性观察
2. 发现泥鳅可以和螺蛳生活在一起

缘起

乐乐带来了一袋泥鳅，孩子们围着这群小家伙七嘴八舌地讨论道："这是什么呀？是鱼吗？"乐乐回答："这是泥鳅，是我和妈妈一起在菜场买菜的时候挑选的。"孩子们对于新朋友的到来纷纷拍手表示欢迎。涵涵好奇地问："咱们班里已经有螺蛳了，它们可以成为好朋友吗？"

■ 第1步：老师准备材料

4
展板1块。

1
4条泥鳅，鱼缸，河泥。

2
在区角投放纸笔。

3
10颗螺蛳。

小提示
- 鱼缸的深度约20厘米。
- 选择新鲜的活螺蛳。

12 泥鳅 149

■ 第2步：老师和孩子一起创设观察环境

1
将4条泥鳅放入鱼缸内饲养，水以没过泥鳅为宜。

2
将10颗螺蛳和河泥放入鱼缸中，不再向鱼缸内投放任何饲料。

小提示
- 避免将饲养泥鳅和螺蛳的鱼缸放置在阳光直射的地方。
- 自来水需提前放置1-2天后才能用来饲养泥鳅和螺蛳。

■ **第3步：在照顾自然角环节和自由活动环节，孩子可以个别或结伴观察**

1
孩子日常观察鱼缸内泥鳅和螺蛳的活动情况。

3
老师和孩子集体讨论：在不提供其他食物的情况下，泥鳅和螺蛳能否生存。

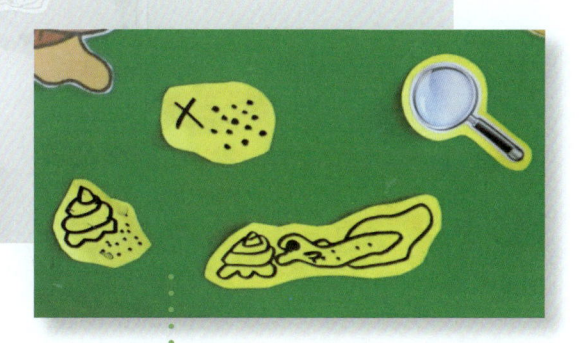

2
孩子用区角提供的纸笔，记录自己的观察。

| 科学 小知识 | ■ 在自然环境中，螺蛳生存的水体中有着较丰富的浮游生物和水生植物及其繁殖出的幼螺，这些都是泥鳅的天然饲料，泥鳅所排泄的粪便又是螺蛳的好饲料；螺蛳除了摄入泥鳅的粪便外，还会捕食水中的藻类等水生植物。 |

12 泥鳅

泥鳅的胡须

适用年龄：大班

科学目标

1. 观察、预测与推断
2. 了解泥鳅胡须的作用

缘起

强强带来几条泥鳅要养在自然角，他得意地告诉好朋友妞妞："我奶奶说，泥鳅的胡子有很多本领，你知道有哪些吗？"妞妞摇头，蹲在泥鳅旁边，一边看一边招呼其他朋友一起来看，大家七嘴八舌地猜测着……

■ 第1步：老师准备材料

4
展板1块，上面贴有泥鳅图案和用于让点读笔发声的码图。

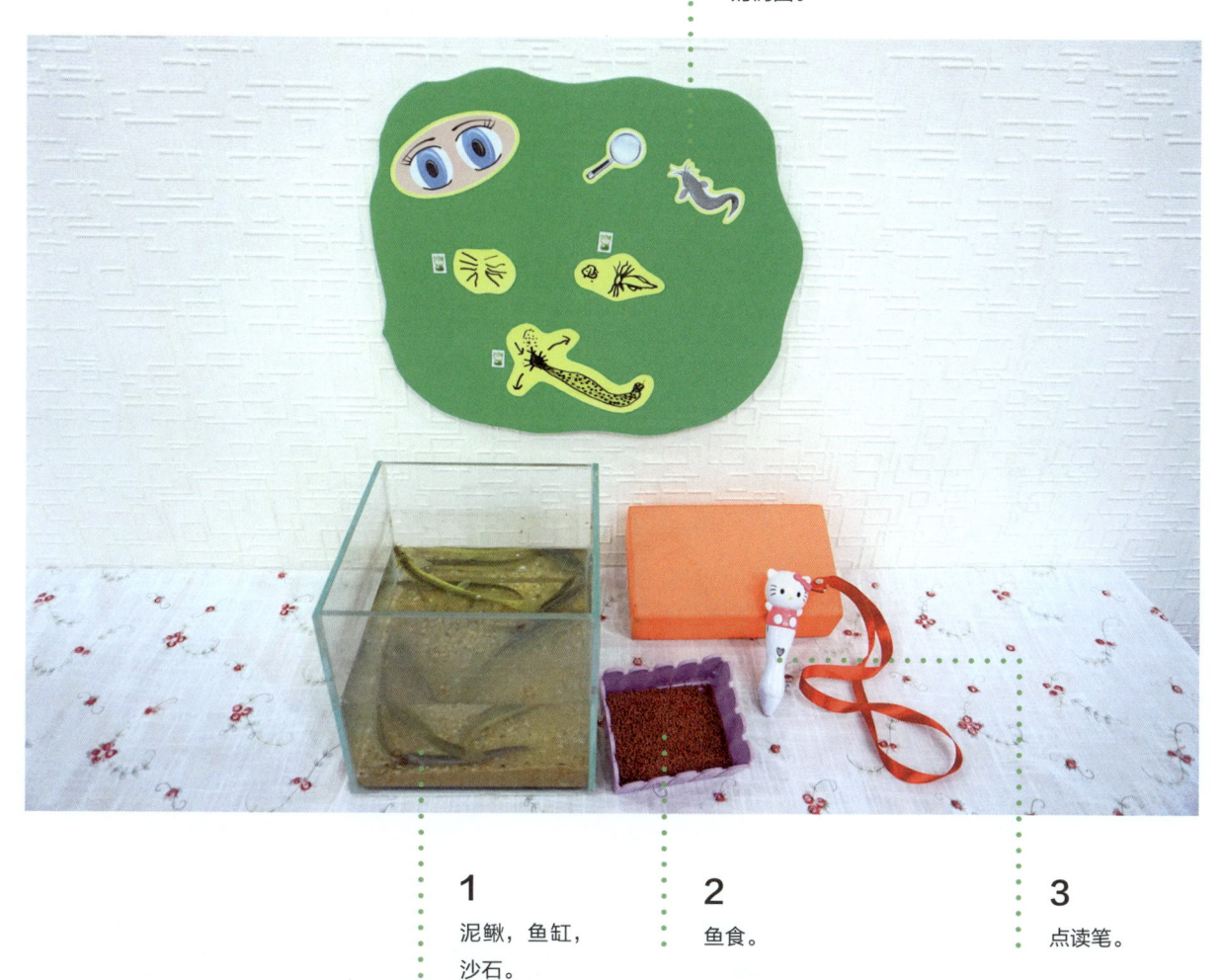

1
泥鳅，鱼缸，沙石。

2
鱼食。

3
点读笔。

小提示　■ 鱼缸的深度约20厘米。

■ 第2步：老师和孩子一起创设观察环境

1
将泥鳅放入鱼缸内饲养。

2
尽可能在鱼缸内还原泥鳅的生活环境，根据鱼缸的大小放入沙子，沙子只要能够平平地在鱼缸底部铺上一层（约3-4厘米厚）即可。

小提示

- 避免将饲养泥鳅的鱼缸放置在阳光直射的地方。
- 以水质是否浑浊为依据，老师带领孩子每隔2-3天换一次鱼缸内的水。

■ 第3步：在照顾自然角环节和自由活动环节，孩子可以个别或结伴观察

1
老师和孩子集体讨论：泥鳅的胡须有什么作用？

3
孩子通过上网、翻阅书籍等方式自主寻找答案，了解泥鳅的胡须的作用。

2
为了观察泥鳅寻找食物的过程，在距离泥鳅较远的角落投放鱼食，然后观察泥鳅是怎样寻找食物的。老师可以引导孩子观察泥鳅用胡须触碰食物的现象，从而引发他们的思考。

4
有条件的话，孩子可以使用点读笔将自己的观察或查到的相关信息以语音的方式记录下来，其他孩子可以用点读笔触碰展板上的码图，听到相关信息，形成生生互动。

| 科学小知识 | ■ 泥鳅的眼小，视力很弱，但触觉及味觉极为灵敏，泥鳅的吻端、上颌、口角及下唇处均有口须，这5对须是它们闻味道、搜寻食物的"天线"。 |

图书在版编目（CIP）数据

角落里的生机——图解幼儿园自然角的创设与变化 / 胡洁主编.
—上海：华东师范大学出版社，2019
 ISBN 978-7-5675-8931-5

Ⅰ.①角… Ⅱ.①胡… Ⅲ.①科学知识-学前教育-教学参考资料 Ⅳ.①G613.3

中国版本图书馆CIP数据核字（2019）第075680号

角落里的生机——图解幼儿园自然角的创设与变化

主　　编　胡　洁
责任编辑　沈　岚
审读编辑　余思洋　沈　岚
责任校对　林文君
装帧设计　卢晓红

出版发行　华东师范大学出版社
社　　址　上海市中山北路3663号 邮编 200062
网　　址　www.ecnupress.com.cn
电　　话　021-60821666　行政传真 021-62572105
客服电话　021-62865537　门市（邮购）电话 021-62869887
地　　址　上海市中山北路3663号华东师范大学校内先锋路口
网　　店　http://hdsdcbs.tmall.com

印　刷　者　上海昌鑫龙印务有限公司
开　　本　787×1092　16开
印　　张　19
字　　数　292千字
版　　次　2022年1月第1版
印　　次　2022年1月第1次
书　　号　ISBN 978-7-5675-8931-5
定　　价　88.00元（全2册）

出 版 人　王　焰

（如发现本版图书有印订质量问题，请寄回本社客服中心调换或电话021-62865537联系）

角落里的生机

图解幼儿园自然角的创设与变化

胡 洁 ◎ 主编

秋冬篇

华东师范大学出版社
·上海·

目 录

1 根

小班　根的不同／4

中班　根的大集合／8

大班　根的力量／12

2 茎

16／小班　会"爬"的植物

20／中班　变色的康乃馨

24／大班　"喝水"小实验

3 果实

小班　水果宝宝／28

中班　果实里面有什么／32

大班　果实大集合／36

4 植物与季节

40／小班　干枯的落叶

44／中班　秋天的落叶

48／大班　秋趣

5 植物与介质

小班　泥土里的小芽／52

中班　水培土培大比拼／56

大班　不一样的家／60

6 植物与温度、湿度

64／小班　小苗苗的家

68／中班　菌菇的家

72／大班　暖棚里的蚕豆

7 有趣的昆虫

76／小班　蝈蝈
80／中班　瓢虫
84／大班　蟋蟀

8 贝壳

小班　拾趣／88
中班　我们都有壳／92
大班　不同的贝壳花纹／96

9 金鱼

100／小班　金鱼游游
104／中班　给鱼缸换水
108／大班　金鱼的饲养日记

10 蟹

小班　螃蟹横着爬／112
中班　螃蟹的大钳子／116
大班　寄居蟹／120

11 乌龟

124／小班　我的乌龟朋友
128／中班　乌龟过冬
132／大班　不冬眠的乌龟

12 甲鱼

小班　有趣的蛋宝宝／136
中班　甲鱼和乌龟／140
大班　小甲鱼出壳／144

1 | 根

根的不同

适用年龄：小班

科学目标
1. 观察
2. 比较发现直根和须根的不同特点

缘起

孩子们从家里带来了很多蔬菜，阳阳指着一根白萝卜惊叹道："哇！好长的一根呢。"一边的瑞恩发现了放在白萝卜边上的洋葱，忍不住摸起洋葱的根须，一边摸一边还说："看，它们的根是不一样的。"

■ 第1步：老师准备材料

1
透明玻璃瓶若干。

2
白萝卜若干。

3
洋葱若干。

小提示

- 葱、大蒜、吊兰同萝卜、洋葱一样，也是须根系植物，在准备材料时可以因地制宜、有所拓展。
- 选择浅底、小口的透明玻璃瓶，以便水培植物的根能触碰到水面。

■ **第2步：老师和孩子一起创设观察环境**

1
引导孩子将白萝卜与洋葱装扮成卡通形象，如在上面贴上眼睛、画上嘴巴。

4
可以在玻璃瓶身贴上孩子的照片，这瓶绿植就由该名孩子负责。

3
让孩子把白萝卜和洋葱放在透明玻璃瓶的瓶口上，根须需浸入水中。

2
指导孩子往透明玻璃瓶中装水，水位大约在玻璃瓶的三分之二处。

■ 第3步：在照顾自然角环节和自由活动环节，孩子可以个别或结伴观察

1
老师带领孩子每天为绿植换水。

2
老师引导孩子观察：白萝卜和洋葱的根分别长什么样？看起来有哪些不一样？

3
老师和孩子一起讨论观察结果。讨论环节注重于帮助孩子感知直根系植物（萝卜）和须根系植物（洋葱）的根的明显外形特征。

| 科学 小知识 | ■ 按照根系分类，植物有直根系和须根系。由胚根发育产生的初生根和次生根组成，主根发达而明显，极易与侧根相区别的根系称为直根系。大多数裸子植物和双子叶植物都具有直根系，如：萝卜、香菜、菠菜、芹菜、白菜、蚕豆；由茎基部的节上长出许多粗细相等的不定根，再由不定根上生成侧根，整个根系外形呈絮状的称为须根系，如：蒜、葱、洋葱、玉米、小麦。 |

1 根　7

根 的大集合   适用年龄：中班

科学目标
1. 观察与分类
2. 尝试对直根、须根以及块根植物进行分类

缘起

在开展"好吃的食物"主题活动中，孩子们把各种蔬菜带来植物角种植，萱萱说："这个我认识，是山芋，我奶奶说它的根就是它的身体。"边上的瑞瑞指着旁边的番茄说："哇，那番茄的根也是它自己吗？""植物的根有什么不同呢？"……孩子们好奇地问。

■ 第1步：老师准备材料

1
透明玻璃瓶若干。

2
蚕豆、芸豆、绿豆等新鲜豆类若干，新鲜带皮小麦若干。

3
白萝卜、山芋（红薯）、洋葱、大蒜若干。

■ 第2步：老师和孩子一起创设观察环境

1
将白萝卜、山芋（红薯）、洋葱、大蒜等种植在玻璃瓶中，倒入水并使它们的根部浸没在水中。

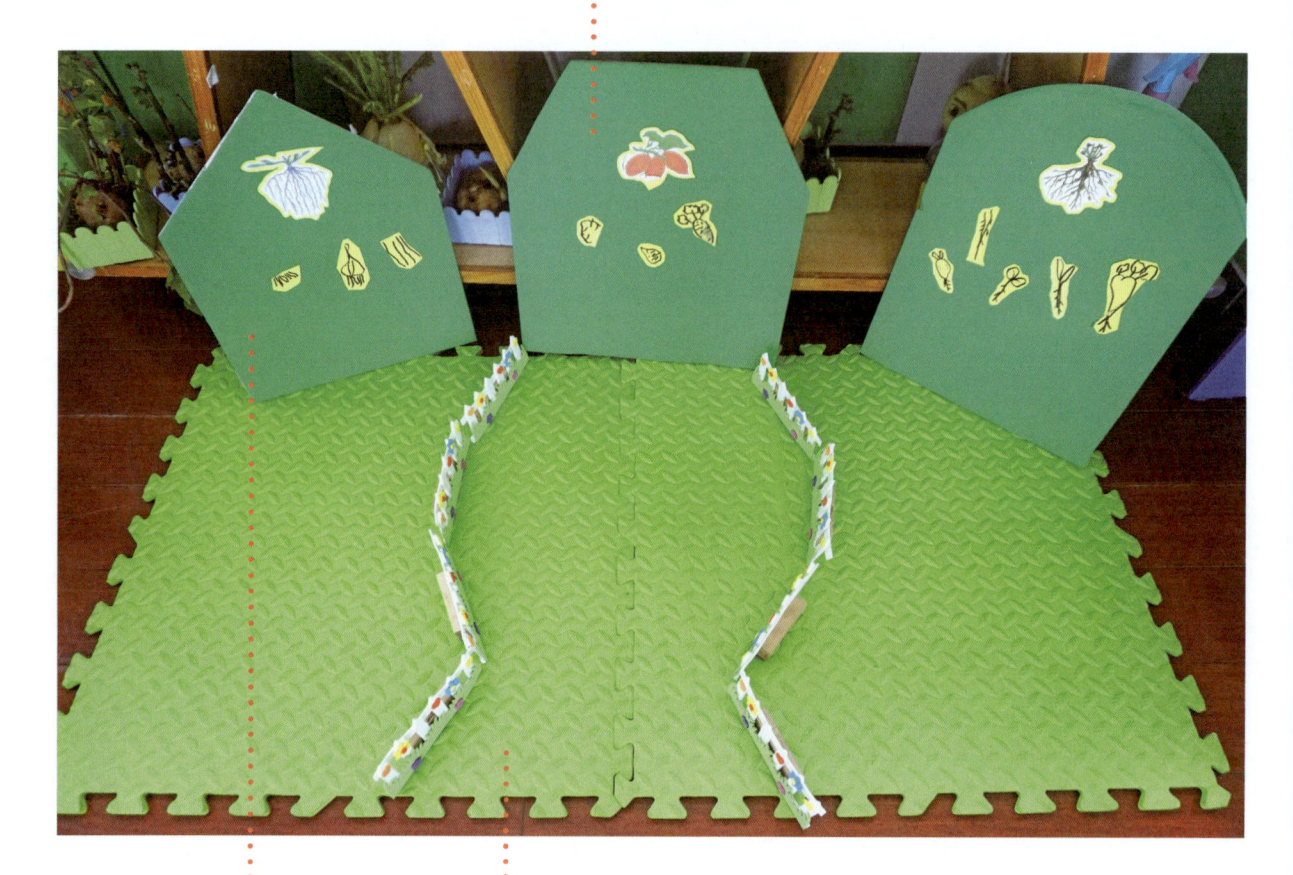

3
布置直根、须根和块根三个区域，用简单图示进行标记和区分。

2
将已预泡发芽的豆类、小麦浸入装了水的玻璃瓶中。

小提示

■ 建议提前将山芋（红薯）、豆类、小麦完全浸泡在水中若干天，待其发芽后再移植到装了水的玻璃瓶中。

■ **第3步：在照顾自然角环节和自由活动环节，孩子可以个别或结伴观察**

1
由值日生负责每天换水。

2
老师和孩子一起观察讨论，发现不同的根的外形特征。

3
根据观察和讨论的结果，让孩子把绿植放到对应的区域（直根区、须根区、块根区）中。此类观察、讨论及相应的移动位置可多次反复进行，并不需要一次性分类准确，老师也不必一次性告诉孩子正确答案。

| 科学 小知识 | ■ 红薯（俗称山芋）即为该植物的块根（变态根）。 |

根 的 力 量　　适用年龄：大班

科学目标

1. 预测与推断
2. 发现根具有向地性的特点

缘起

玥玥旅游回来，给班级的植物角带来了一个漂亮的"蛋朋友"。这个蛋朋友里还住着一棵小苗苗，放在植物角后引起了许多孩子的关注。有孩子议论：植物的根一直长，会不会被蛋壳顶住？

■ 第1步：老师准备材料

1
泥土若干。

2
透明玻璃瓶若干，瓶口小于准备的鸡蛋的最宽处。

3
用于制作标签的纸笔。

4
新鲜带皮小麦若干。

5
鸡蛋壳若干，与玻璃瓶数量一致。

6
新鲜豌豆、黄豆若干。

小提示
- 在生鸡蛋较小的一端用筷子或其他尖锐物扎出个小洞，倒出蛋液，再把洞口挖大一点，清洗蛋壳。
- 建议将蛋壳保留至原体积的三分之二以上，方便后续埋入土用于种植。

1 根　13

■ 第2步：老师和孩子一起创设观察环境

1
根据玻璃瓶数量，将孩子们分为若干组，每组认领一个鸡蛋壳和一粒小麦或豌豆。

3
往玻璃瓶中加水，将鸡蛋壳放在瓶口处，确保瓶中的水没过蛋壳底部。

4
用纸和笔制作标签，写上蛋壳中埋入的是小麦还是豌豆，将标签粘贴在对应的蛋壳和玻璃瓶上。

2
在鸡蛋壳里放入泥土（高度与洞口持平），在土中埋入认领的小麦或豌豆。

■ **第3步：在照顾自然角环节和自由活动环节，孩子可以个别或结伴观察**

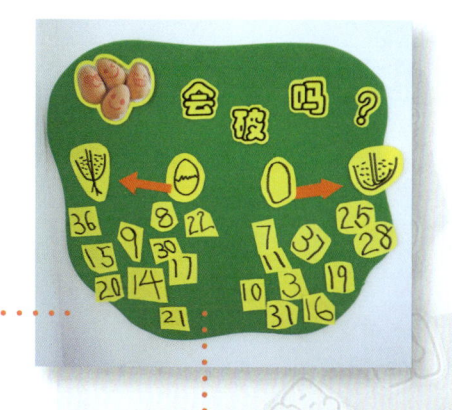

1
老师可以引导孩子猜测：蛋壳中的豌豆、小麦会生长吗？它们长出来的根会把蛋壳的底顶破吗？孩子可以将自己的预测以学号的形式标记在背景板上相应的区域内。

2
由当日值日生每天为玻璃瓶换水，往蛋壳内浇水。

3
孩子在观察蛋壳里植物的生长情况后，可以将观察日期和观察结果（蛋壳的底是否被顶破）记录下来。

4
让孩子对比自己的预测与观察结果，老师和孩子集体讨论：为什么根能把蛋壳的底顶破，初步了解植物根能顶破蛋壳的原因。

科学小知识	■ 植物生长时具有很强的力量，根的尖端会不断向下生长，努力探测寻找水和营养物质。有时植物的根不一定会把蛋壳顶破，但是会在蛋壳底部形成一些凸点，观察过程中老师可以组织孩子通过触摸凸点来感知。 ■ 小麦和豌豆都是植物的种子，不同的种子，长出的根的粗细也会不同，由此产生的力量也不同。比如豌豆是直根系的，小麦是须根系的，直根的力量比须根的力量更大。

2 | 茎

会 "爬" 的植物　　适用年龄：小班

科学目标
1. 观察
2. 发现某些植物有"爬"藤的本领

缘起

在参观一家现代农业园时，孩子们看见高高"挂"起的葡萄、葫芦等植物时，大声地叫喊："快看，上面吊着一个好大的葫芦！这里还有葡萄！"……同时，他们也产生了疑问：这些葡萄、葫芦怎么会吊在上面呢？它们是怎么吊上去的呢？

■ 第1步：老师准备材料

1
泡沫箱或其他体积较大的种植容器若干。

2
黄瓜苗、已发芽的红薯若干，也可换成其他种类的藤蔓植物。

3
泥土（或营养土）若干。

4
用于支撑藤蔓的细竹竿若干。

5
喷水壶，园艺铲。

2 茎

■ **第 2 步：老师和孩子一起创设观察环境**

3
用细竹竿在种植容器内搭建出牢固的爬藤架，架子应包含竖向和横向两种类型。

1
将泥土（或营养土）分别装入种植容器中，约三分之二满。

2
将黄瓜苗、已经发芽的红薯分类埋入容器中，在容器上贴上标记进行区分。

科学小知识	
	■ 茎是植物体的中轴部分，呈直立或葡匐状态。茎上生有分枝，分枝顶端具有分生细胞，可以进行顶端生长。茎一般分化成短的节和长的节间两部分。
	■ 藤蔓植物的茎部细长，不能直立，只能依附在其他物体（如树、墙等）上或葡匐于地面上生长，最典型的如葡萄、爬山虎之类。如果有支撑物，藤蔓植物会成为藤本，但如果没有支撑物，它会长成灌木。藤蔓植物可以节省用于生长支撑组织的能量，可以更有效地吸收阳光，也可以在地面上迅速蔓延，占据较大的区域。

■ 第3步：在照顾自然角环节和自由活动环节，孩子可以个别或结伴观察

2
老师引导孩子观察植物藤蔓的生长方向和爬藤方式。老师和孩子一起讨论：藤蔓是怎么爬上去的，爬藤时有固定方向吗？

1
当日值日生负责为植物喷洒适量的水（保持泥土湿润即可），也可以日常用园艺铲松松土。

小提示

■ 孩子对于植物生长变化的发现、观察与比较是需要一段时间的，建议由老师引导和组织的重点观察与讨论可以定为每周一次。

变色的康乃馨

适用年龄：中班

科学目标

1. 预测与推断
2. 了解植物的茎有输送水分的作用

缘起

班级里的自然角是孩子们每天最喜欢去的地方，每一棵植物都是孩子们亲手照料的。在生活环节喝水的时候，孩子们会站在自然角里，边喝水边看着自然角里的植物。突然，有个孩子自言自语地问了一句："这些植物是不是和我们一样，也需要喝水呢？它们是怎么喝水的呢？"

■ **第1步：老师准备材料**

4
相同大小的透明玻璃瓶若干，数量与康乃馨的枝数一致。

1
浅色带茎的康乃馨若干。

2
红、蓝色墨水（或色素）各1瓶。

3
剪刀。

小提示

- 可以选择用其他不同的植物（如芹菜、白菜、玫瑰等）进行植物变色实验，但所选择的植物的花瓣或叶子必须是浅色的，便于在植物变色后进行观察与发现。

2 茎　21

第2步：老师和孩子一起创设观察环境

1
将红、蓝色墨水分别倒入透明玻璃瓶中，水位约至玻璃瓶的五分之一处。

2
保留一个透明玻璃瓶作为对照，倒入清水，水位相同。

4
将剪过斜茎的康乃馨分别插入已倒入红、蓝色墨水和清水的玻璃瓶中。

3
在康乃馨茎的底部斜剪一刀，以增加植物吸水的横截面。

小提示

■ 若准备了更多颜色的墨水（或色素），可以用更多玻璃瓶与花束来实验。

22　角落里的生机——图解幼儿园自然角的创设与变化（秋冬篇）

■ **第3步：在照顾自然角环节和自由活动环节，孩子可以个别或结伴观察**

1
老师引导孩子猜测：
（1）花瓣是否会变色？可能会变成什么颜色？
（2）茎是否会变色？可能会变成什么颜色？

2
约4小时后，老师引导孩子观察、比较：不同玻璃瓶中的花瓣的变色情况。

3
老师将变色的花朵的茎以竖向的方式从中间位置剪开。

4
老师引导孩子观察、发现剪开的茎的内部颜色以及花瓣的颜色，并集体讨论：瓶中水的颜色，茎内部的颜色和花瓣的颜色之间有什么相关性，为什么花瓣会变色？

5
如果有不同种类的花朵参与实验，可以让孩子对其进行标记，并观察记录不同种类花瓣变色的时间周期，呈现在背景墙上进行比较。

科学 小知识	■ 康乃馨变色所需的时间会受温度的影响而变化。温度高，花瓣变色快；温度低，花瓣变色慢。 ■ 茎具有输导营养物质和水分以及支持叶、花和果实在一定空间的作用。有的茎还具有光合作用、贮藏营养物质和繁殖的功能。

第3步：在照顾自然角环节和自由活动环节，孩子可以个别或结伴观察

1
按种植容器数量，将孩子分为若干组，以组为单位认领一盆植物，负责为其每日浇水（本案例中分为6组）。

2
根据背景板上的浇水量、浇水次数提示，由小组成员为自己负责的植物浇水（本案例中用太阳、月亮代表不同的浇水量，与浇水器上的刻度标记一致）。

3
各小组成员每次浇水后要立刻在记录板上做好相应的记录，确保不会重复浇水。

4
孩子日常观察植物的生长情况。

5
老师可以一周两次引导孩子重点观察并比较：同种植物，浇水量不同时，其生长情况有什么不同？并和孩子集体讨论：为种植的土豆、花生浇水，每天浇多少水量，植物生长得最好。

小提示

- 该活动为对比实验，因此每次浇水的量要一样多，所以要在浇水器上做好刻度标记，确保根据提示浇水时每次的水量相同。

浇水记录

	星期一	星期二	星期三	星期四	星期五
●一天一浇	☀	☀	☀	☀	☀
▲一天一浇	☀	☀	☀	☀	☀
●一天二浇	☀🌙	☀🌙	☀🌙	☀🌙	☀🌙
▲一天二浇	☀🌙	☀🌙	☀🌙	☀🌙	☀🌙
●二天一浇	☀	/	☀	/	☀
▲二天一浇	☀	/	☀	/	☀

● ▲ → 1天 1次
● ▲ → 1天 2次
● ▲ → 2天 1次

我们小组来照顾

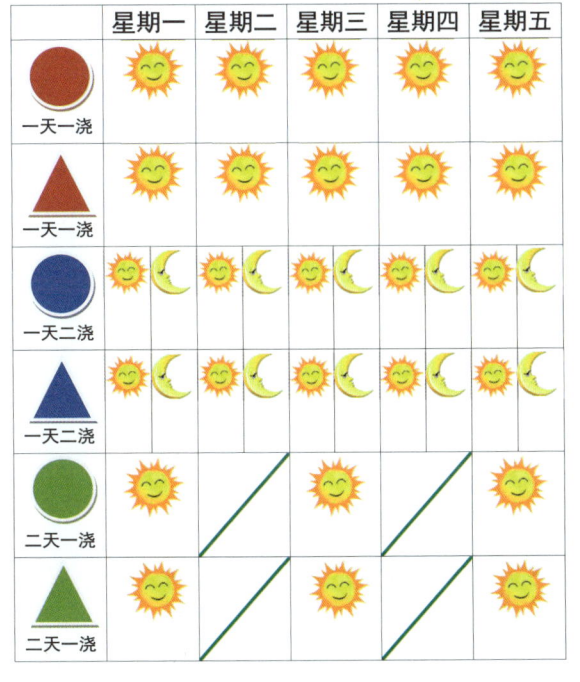

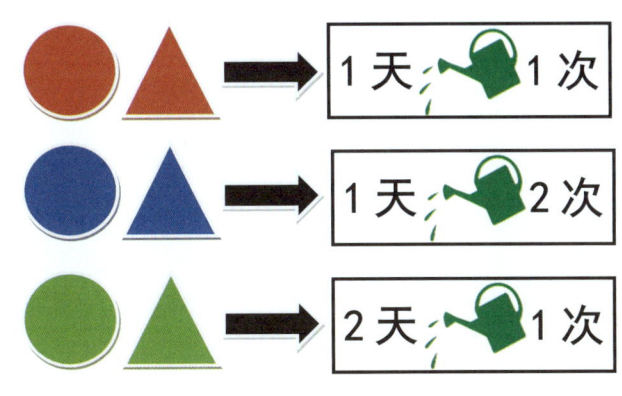

●	●	●	▲	▲	▲
第一组	第二组	第三组	第四组	第五组	第六组

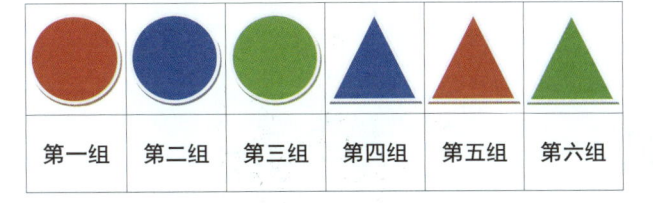

科学小知识

■ 植物生长需要水，但浇水太多和缺水一样，也会对植物造成伤害。如果陆生植物淹没在水中太久（即使只有根部浸在水中），由于水淹部分缺乏足够的氧气，而只能进行无氧呼吸，产生了对植物具有毒害作用的产物——酒精（或：乳酸），会导致植物腐烂。为使植物健康生长，应该给植物浇足水，但切勿浇水过多。

2 茎

3 | 果实

水果宝宝　　适用年龄：小班

> **科学目标**
> 1. 观察
> 2. 感知多种水果的外形特征

缘起

恬恬和笑笑从家里带来了橙子和柚子，小伙伴们一边摸一边说："这个柚子好大呀。""比我们的脑袋还要大！""橙子就好小，橘红色的真好看。"关于水果，孩子们总有说不完的话题……

■ 第1步：老师和孩子一起准备材料

作为家庭亲子活动，请家长和孩子根据水果的外形特征为其画上、贴上五官，制作成"水果宝宝"。例如，用大大的柚子做小动物脑袋，用圆圆的龙眼做眼睛，用弯弯的香蕉做小狗身体等。

小提示

- 尽量选择当季的水果，如：秋冬季可以选择橙、橘子、柚子等；春夏季可以选择草莓、葡萄、西瓜等。
- 建议选择不容易腐烂的水果，如橙、柚子、冬枣等，以延长"水果宝宝"的存放时间。

第2步：老师和孩子一起创设观察环境

老师和孩子一起为装扮完成的"水果宝宝"创设相应的环境场景。例如：可以为小动物造型的"水果宝宝"创设农场场景，可以为海洋动物造型的"水果宝宝"创设海洋场景等。

小提示

- 也可以结合当下正在开展的主题创设相应的场景，以增加趣味性。

■ 第3步：在自然角照顾环节和自由活动环节，孩子可以个别或结伴观察

老师引导孩子运用多种感官感知"水果宝宝"是由哪些水果做成的，说说这些水果的名称以及它们明显的外形特征（如大小、颜色等）。

小提示

■ 这类观察可持续一段时间，老师也可引导孩子观察并发现新鲜水果长时间摆放在自然环境中的外形变化。

果实里面有什么

适用年龄：中班

科学目标
1. 观察与分类
2. 发现不同种类水果的籽（核）的外形特征

缘起

今天午餐的水果是火龙果，婷婷指着火龙果里面一颗颗黑色的籽问："老师，这个黑黑的能吃吗？"旁边的诺诺马上说："这个能吃的，这个是籽，能吃的。""香蕉里也有籽的。""是不是所有水果都有籽呢？"孩子们七嘴八舌地讨论开了。

第1步：老师和孩子一起准备材料

2
塑料水果刀，餐盘，干净毛巾。

1
老师和孩子一起收集不同种类的新鲜水果（苹果、草莓、香蕉、龙眼、西瓜、木瓜、牛油果等）。

3
果核收集盒。

小提示

- 在水果品种的选择上，需要考虑其果核的大小、分布位置、多少等不同特点。
- 收集盒、水果刀等物品的数量可根据参与的孩子人数进行相应准备。

3 果实　33

第 2 步：老师和孩子一起创设观察环境

1

将老师和孩子一起收集到的新鲜水果分类摆放在果盘中。

3

在墙面上布置出"无核""单核""多核"等多个区域。

2

准备好与收集的水果实物一致的水果图案贴纸，放在一旁备用。

科学 小知识	■ 果实一般包括果皮和种子两部分。其中，果皮又可分为外果皮、中果皮和内果皮。种子则发挥着传播与繁殖的作用。

34　角落里的生机——图解幼儿园自然角的创设与变化（秋冬篇）

■ **第3步：在区角活动环节和自由活动环节，孩子可以个别或结伴观察与操作**

1
老师和孩子一起集体讨论：这些水果都有核吗？这些核分别长什么样？

2
老师为孩子提供水果、塑料水果刀，让孩子自己操作切开水果，发现水果内部的核的数量、分布位置和大小，再将果核洗净后放入果核收集盒中。

3
老师和孩子一起根据观察结果，将相应的水果图案贴纸移到墙面上正确的区域内。

4
老师可以借由相关科普童书等材料，向孩子们介绍果实、种子的相关知识。让孩子们了解水果是一种果实，果实里有种子（籽）。

小提示
- 在操作前，老师可以让孩子预先猜测水果内果核的外形特征，并将相应的水果图案摆放至对应的区域内。
- 预先猜测能反映孩子们对果核的前期经验，对比猜测与观察结果，老师就可以针对孩子之间认知差异较大的果核品种进行重点交流与分享。

3 果实

果实大集合

适用年龄：大班

> **科学目标**
> 1. 观察与分类、记录与交流
> 2. 知道干果、水果都是果实

缘起

"葡萄干是水果。""葡萄干没有水分，才不是水果！"吃过点心后，两个孩子围绕蛋糕上的葡萄干争论了起来，两个人各执己见却又都说服不了对方，于是来寻求老师的帮助，老师说："那我们就来一次大搜集，看看究竟哪些是你们认为的水果！"

■ 第1步：老师和孩子一起准备材料

2
小核桃夹、水果刨刀、塑料小刀等工具若干。

1
老师和孩子一起收集：新鲜水果（苹果、香蕉、龙眼、火龙果等）若干；干果（开心果、瓜子、核桃、小核桃、板栗）若干。

小提示

■ 水果和干果的数量根据班级人数而定，确保操作时每一个孩子都能有至少一种果实可以观察与处理。

3 果实　37

■ **第 2 步：在区角活动环节和自由活动环节，孩子可以个别或结伴观察**

1
孩子在日常可以自由触摸、感觉和比较水果与干果的外部特征有什么不同。

2
老师为孩子提供操作工具，鼓励孩子探索将水果、干果去壳去皮去核的方法，品尝、交流不同果实的味道。

小提示

- 在孩子个别操作时，老师要关注孩子对不同工具的使用情况，及时提供帮助。

3

老师和孩子一起将这些水果进行分类比较，例如从有无核、有无壳或有无水分等角度进行分类汇总，并做相应记录。

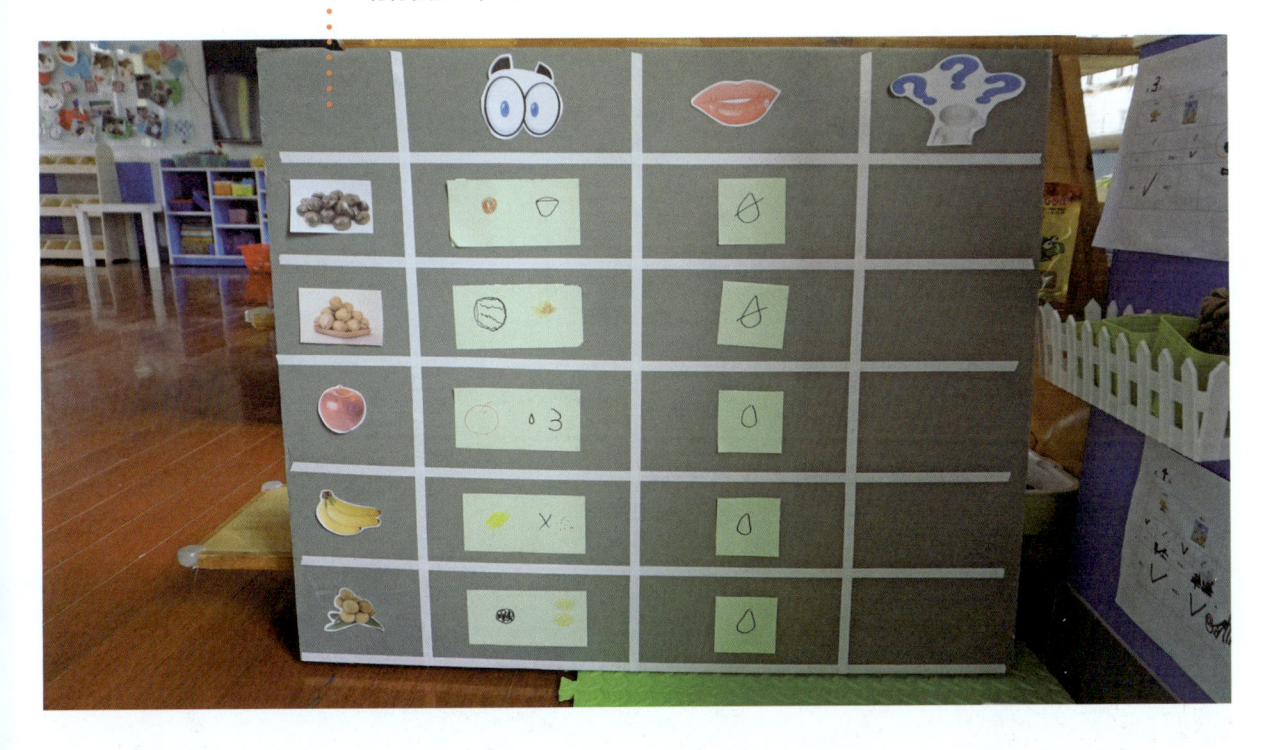

科学 小知识	■ 根据果实成熟后果皮状况，可以把果实分为肉果和干果两大类。 ■ 果实成熟后果皮肥厚多肉的称为肉果，如苹果、梨、葡萄、草莓等。肉果经脱水处理后可延长保存期。 ■ 成熟后果皮干燥的果实称为干果，如栗子、核桃、榛子等。

3 果实　39

4 植物与季节

枯的落叶   适用年龄：小班

科学目标
1. 观察
2. 感知秋天落叶的外形特征

缘起

早上运动的时候，孩子们看到草地上铺满了落叶，围在旁边讨论起来，有的拿起一片落叶说："这个叶子黄黄的，真好看。"有的用脚踩了踩后说："踩在上面好有趣啊，还有声音呢。"他们纷纷捡起地上的落叶玩了起来。

■ 第1步：老师和孩子一起准备材料

3
树型背景板。

4
眼睛、鼻子、手、耳朵的图片。

1
老师建议家长和孩子一起收集身边的落叶，以已经干枯、丧失水分的落叶为宜。

2
大型搭建材料若干（如木质积木、泡沫、乐高材料等）。

小提示

- 建议收集不同种类的、有代表性的秋天的落叶，如：梧桐树叶、广玉兰树叶、枫叶等。
- 梧桐树枯叶干干的、脆脆的，踩上去会发出"窸窣"声；秋天的银杏树叶、枫叶的颜色漂亮，能激发孩子的兴趣、引发他们的关注。

■ **第2步：老师和孩子一起创设观察环境**

1
孩子可以把收集的各种落叶贴在树型背景上作装饰。

2
老师和孩子一起用搭建材料围合出一个"小花园"环境。

3
孩子可以把收集的各种落叶层层叠叠地铺在"小花园"中。

42　角落里的生机——图解幼儿园自然角的创设与变化（秋冬篇）

■ 第3步：在照顾自然角环节和自由活动环节，孩子可以个别或结伴观察

1
孩子可以抓一抓、捏一捏干枯的树叶，它们摸上去感觉脆脆的，很容易被捏碎。

2
孩子可以闻一闻干枯的树叶的味道。

3
孩子可以踩一踩干枯的树叶，听一听它们发出的"窸窣"声。

| 科学 小知识 | ■ 为什么一到秋天树叶就会落下来？简单来说，就是为了适应环境。当秋天悄然来临的时候，空气变得干燥起来，树叶里的水分大量蒸发，同时，由于天气变冷，树根从地下吸收的水分减少，使得水分供不应求。这样下去，树木会很快枯死，为了继续生存下去，树叶与树木分离，水分不用再往树叶输送。树叶脱落以后，剩下光秃秃的枝干，树木对水分的消耗减少了，树木也就可以安全地过冬了。 |

4 植物与季节　43

秋天的落叶

适用年龄：中班

科学目标
1. 观察与分类
2. 尝试按一定特征为落叶分类

缘起

早上运动时，孩子们看到草地上躺着许多树叶，就把它们都捡了起来。一个孩子捡起一片落叶跑到另一个孩子身边说："你看，这片树叶是黄色的，我一不小心就把它弄碎了。"另一个孩子回应说："你看，这片树叶是红色的，叶子尖尖的。"说完，两个好朋友弯腰又捡起了更多落叶。

■ 第1步：老师和孩子一起准备材料

3
点读笔，放大镜。

4
背景板。

1
请家长和孩子一起收集身边的落叶。

2
大收纳盒、小收纳盒若干。

小提示

■ 建议收集的落叶可以选择外形特征变化比较明显的，如枫叶、银杏叶、梧桐叶等。

4 植物与季节

第 2 步：老师和孩子一起创设观察环境

3
孩子可以用落叶装饰背景板及周围环境。

2
留出空的收纳盒若干。

1
孩子把收集到的落叶放入大收纳盒中。

■ **第3步：在照顾自然角环节和自由活动环节，孩子可以个别或结伴观察**

1

孩子可以比较落叶的明显特征（外形、颜色、大小），也可用放大镜仔细观察叶脉，并尝试按照落叶的外形、颜色、大小进行分类，放于小收纳盒中。

2

孩子可以将自己对落叶的发现（落叶的颜色、触感、外形特征）用点读笔录音或在记录纸上画下来。再将点读笔的码图或记录纸贴在背景板上面，与其他孩子进行分享。

小提示

- 一段时间后，老师可以和孩子一起集体讨论，尝试对收集的落叶按一定特征进行分类并相互交流各自的分类依据。
- 老师可以建议孩子和爸爸妈妈一起将落叶做成书签或者叶脉书签来作为家庭亲子活动。

4 植物与季节

秋趣

适用年龄：大班

> **科学目标**
> 1. 观察、记录与交流
> 2. 感知与搜集秋天里的典型事物

缘起

早上运动的时候，有几个小伙伴在地上发现了一些颗粒状的小东西，有的猜："这好像是老鼠的大便。"有胆子大的孩子捡起来说："是树上的果实。"听完，其他孩子也低头在地上找了起来："你们看，这里还有松果。""地上有好多树叶。"幼儿园的草地上还有哪些和秋天有关的有趣东西呢？孩子们决定散步的时候再去找一找。

■ 第1步：老师准备材料

1 小收纳盒若干。

2 小棍若干。

3 放大镜、园艺铲若干。

4 玻璃瓶、小纸袋若干。

■ 第2步：老师和孩子一起制定调查计划表和记录表

调查计划表

学号：　　　　　　　日期：

时间		哪里	
	✓		✓
早上		草地上	
散步		树底下	

调查记录表

第 _____ 组　　　　　　日期：

时间		哪里		我发现了……
	✓		✓	
早上		草地上		
散步		树底下		

1 每个孩子可以自由选择想要调查的时间和地点，老师可以在汇总孩子的意愿后将他们分组。

2 户外调查时，为每个孩子提供一份调查记录表。

4 植物与季节

第3步：在户外活动环节，孩子可以个别或结伴观察

1

根据调查计划表，老师和孩子一起拿着小棍、园艺铲、小纸袋和收纳盒，在幼儿园的户外寻找、观察并搜集有关秋季的典型事物，如在秋天盛开的鲜花、草地上的果实、在秋天出现的动物等。

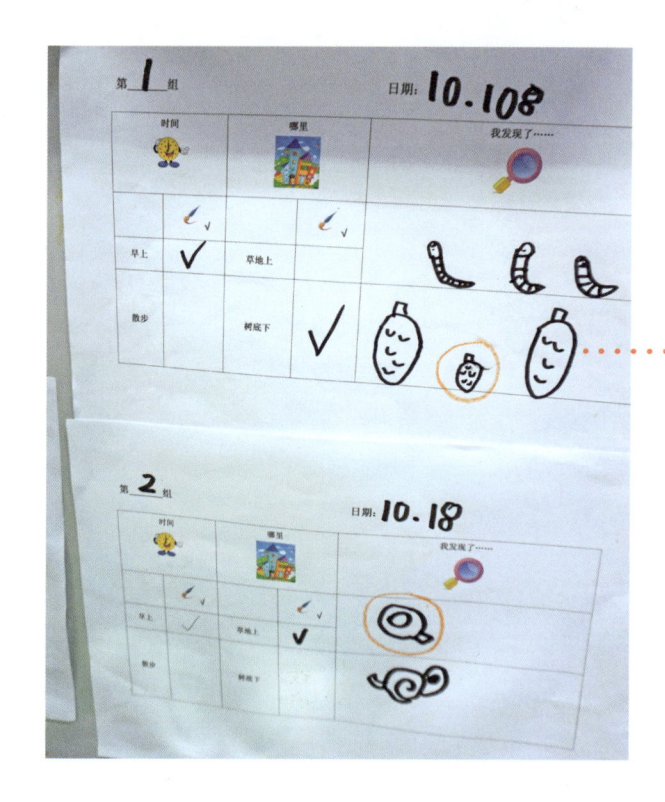

2

孩子在调查记录表上做记录，在调查结束后可以将记录表贴在墙面上进行集体分享。

小提示

- 此活动需要幼儿园有相对丰富的自然环境，如果幼儿园条件有限，也可以在周边的小区、公园中进行。
- 调查计划表上的时间和地点选项，根据实际情况由老师和孩子共同商定。

3

老师和孩子一起集体交流搜集到的自然物与秋天之间的关系（如树叶变黄了、果实成熟了、某些花盛开了、某些动物出现了等）。可以将相关事物的图片及信息装订成册后挂在墙面上供大家阅读。

小提示

- 可以选择通过去儿童图书馆、翻阅书籍、网络搜索等方式进行相关资料的搜集。
- 图画书推荐：如《落叶跳舞》、《小种子》、《秋风没有来》等。可以将图画书放置在记录墙旁，方便孩子阅读。

科学小知识

- 树叶的绿色来自叶绿素。树叶中除含有大量的叶绿素外，还含有叶黄素、胡萝卜素、花青素和糖分等其他色素及营养成分。进入秋季，天气渐凉，气温下降，叶绿素的合成受到阻碍，树叶中的叶绿素减少，叶黄素、胡萝卜素和花青素就会显现出来。花青素显现出来就是非常鲜艳的红色，叶黄素显现出来就是黄色，所以秋天的树叶有红色，有黄色，且深浅不一，非常绚丽。
- 刚刚步入9月，当中国大部分地区还处在夏末，东北平原、长白山地区的红叶植物的叶子就已经开始变红。随着时间的推移，气温逐步降低，中国大部分地区都开始进入秋季，红叶的现象也逐渐南移，到了11月、12月，当北国已经树叶凋零之时，南方的一些地区却红叶烂漫。

4　植物与季节

5 | 植物与介质

泥土里的小芽　　适用年龄：小班

科学目标
1. 观察
2. 知道植物生长需要泥土和水

缘起

午饭后，孩子们在幼儿园的小花园里散步，安安看到花坛里盛开的小花高兴地叫起来："哇！好漂亮的花呀，为什么小花园里有花，我们的教室里没有花呢？"

第1步：老师准备材料

1
泥土。

2
卡通造型的种植容器若干。

3
喷水壶。

4
每个孩子的大头贴照片，各2份。

5
园艺铲。

6
生绿豆若干。

5 植物与介质　53

■ **第2步：老师和孩子一起创设观察环境**

3
孩子将自己的大头贴照片粘在负责照顾的容器上。

1
老师指导孩子将泥土倒入种植容器，至三分之二满。

2
把绿豆埋进容器内的泥土中，不要埋太深，距离表面约2厘米左右即可。

4
在墙面上布置一处反映绿豆生长阶段的背景图。

小提示

■ 可以预先将绿豆浸泡一夜后再埋于泥土中，这样更容易促进绿豆发芽生长。

54　角落里的生机——图解幼儿园自然角的创设与变化（秋冬篇）

■ 第3步：在照顾自然角环节和自由活动环节，孩子可以个别或结伴观察

1
孩子每天为自己负责照顾的绿豆浇水（保持泥土湿润即可）。

2
孩子日常观察绿豆发芽及生长的情况。

3
根据自己照顾的绿豆发芽生长的情况，孩子将自己的照片插在背景板上表示绿豆生长阶段的相应位置上。

水培土培大比拼

适用年龄：中班

科学目标
1. 持续性观察、记录与交流
2. 比较土豆种植在水中与种植在泥土中的生长变化

缘起

早晨来园，孩子们来到幼儿园的种植园地，给泥土中的青菜浇水。回教室的途中，孩子们的目光被走廊里一株株水培植物所吸引，博博问："老师，为什么有的植物长在泥土里，有的植物是种在水里的呢？种在水里和种在泥土里，哪个长得更快呢？"

第1步：老师准备材料

1 泥土若干。

2 透明塑料容器2个。

3 喷水壶。

4 土豆2个。

5 园艺铲。

小提示

- 透明容器要具有密封性，避免漏水。

■ 第2步：老师和孩子一起创设观察环境

1. 第一种：土培种植
（1）在一个透明容器内装入泥土，约占容器的三分之二满。
（2）将土豆一半埋在泥土中，另一半外露在空气中。

2. 第二种：水培种植
（1）将土豆放入另一个透明容器中。
（2）在容器中放入少许水，水量以浸没土豆的三分之一为宜。

小提示

■ 在进行比较实验时，要尽可能控制变量，在本案例创设的土豆生长环境中，泥土和水都是变量，所以选择种植的土豆要尽可能保持一样（包括品种、大小等）。

■ **第3步**：在照顾自然角环节和自由活动环节，孩子可以个别或结伴观察

1
由当日值日生每天为容器里的土豆浇水（保持泥土湿润即可）、换水。等种植在水中的土豆长出根后，容器中的水量应浸没土豆的根部。

2
孩子可以观察：用哪种种植方式种植的土豆会更快发芽、芽长得更高？还可以由值日生将土豆的生长变化记录下来，将记录纸粘贴在背景墙上，供其他孩子观察与比较。

科学 小知识	■ 水培法是通过水直接向植物提供其生长所需要的矿物质的种植方法。几种常见的适合水培的植物有观叶类——滴水观音、吊兰、富贵竹、绿萝、铜钱草；蔬果类——土豆、萝卜、芋头。水培的优点是由于植物需吸收的营养物质必须是溶于水的离子态，所以这种方法下植物养分的吸收非常迅速，植物生长也很快；缺点是植物有可能会因为根部缺氧而腐烂。
	■ 土培法是指利用土壤或与土壤相近的固态物质作为基质来栽培植物的方法。土培的优点是土壤里面含有很多的营养元素可供植物吸收，因此土培植物生长得比较旺盛；缺点是土壤中含的细菌较多，会产生异味，会招来昆虫，而且在养护过程中，需要翻土，因而比较繁琐。

5 植物与介质

不一样的家

适用年龄：大班

> **科学目标**
> 1. 持续性观察、记录与交流
> 2. 比较植物在水培、土培、沙培条件下种植的生长变化

缘起

一天下午，妞妞和小伙伴们在沙池边挖沙，突然，妞妞有了惊喜的发现，叫喊着："快看，我挖到了一粒花生。"其他小伙伴纷纷好奇地围过来，他们发现这粒花生居然发芽了。

"花生在沙子里也会发芽吗？""也许是小鸟把发芽的花生埋在这里的呢？"孩子们议论纷纷。

■ 第1步：老师准备材料

1 尺寸相同的透明容器3个（分别用于水培、土培和沙培）。

2 用乐高积木自制的测量工具若干。

3 泥土若干。

4 喷水壶，园艺铲。

5 生花生若干（大小、品种保持一样）。

6 沙子若干。

小提示

- 透明容器要具有密封性，避免漏水。
- 花生建议是带壳的、近期收获的白皮花生，自行剥壳，剔除干瘪、破烂、没种皮的或已经发了芽的，只留下饱满的颗粒作为实验材料。
- 为了保证发芽率，可以先将干的生花生用水浸泡12小时，再用消毒过的湿毛巾包裹，放在黑暗处催芽。约24-30小时后，大多数花生会长出0.5厘米左右的芽，再将已发芽的花生用于种植。

5 植物与介质

第2步：老师和孩子一起创设观察环境

1. 第一种：水培种植
（1）把已发芽的花生放入容器中，加水至浸没花生一半的位置。
（2）花生尽量散开放。

2. 第二种：土培种植
（1）在容器中加入泥土。
（2）将已发芽的花生埋入泥土中，使之完全没入，但也不要埋太深，距离表面2厘米左右即可。

3. 第三种：沙培种植
（1）在容器内铺上约3-4厘米厚的沙子。
（2）把已发芽的花生，以芽朝下的方向轻插入沙子里，花生间隔1厘米左右。再盖上6-7厘米厚的沙子，喷上少量的水。
（3）每隔三天观察容器中沙子的湿度，如果沙子表面干燥就适量喷水（湿度标准是用手能捏成团，但不滴水）。

小提示

- 可以从河边、海边甚至建筑工地找来沙子。先将其清洗干净，再在太阳下暴晒几天消毒后再使用。
- 装沙子的容器底部不能有孔。如果容器有孔的话要先在容器内垫上布，以防沙子漏出去。

■ **第3步：在照顾自然角环节和自由活动环节，孩子可以个别或结伴观察**

1
由当日值日生照顾植物：
（1）每天为土培、沙培种植的花生浇水（水量以泥土、沙子保持湿润即可）。
（2）每周2次给水培种植的花生换水。

2
孩子事先猜测并日常观察花生在不同介质中的生长情况。

3
孩子可以用自制的测量工具测量花生芽生长的高度。

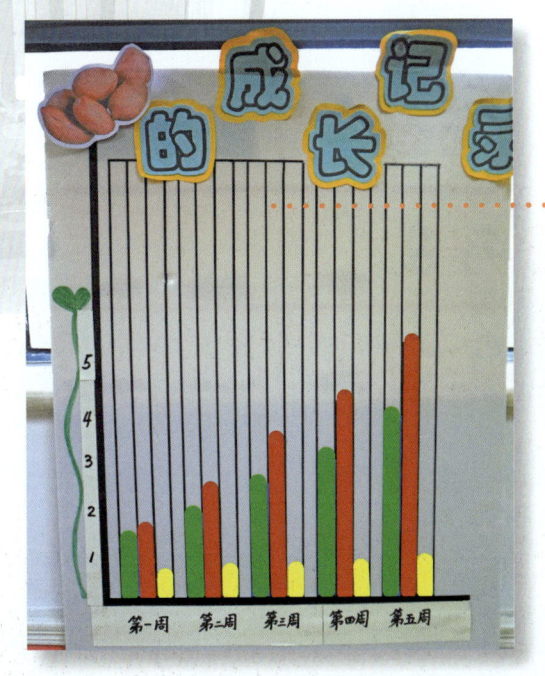

4
根据自制工具的测量结果，在背景板上进行汇总记录。注意记录图中的颜色要对应容器的颜色。

| 科学小知识 | ■ 沙培法是以直径小于3毫米的沙、珍珠岩、塑料或其他无机物质为基质来栽培花卉植物的方法。其优点是植物容易生根，少有烂根的危险；其缺点是植物对营养物质和矿物质的吸收比较慢，也不充分，导致植物生长比较慢。|

5 植物与介质 63

6 植物与温度、湿度

小苗苗的家　　适用年龄：小班

科学目标
1. 持续性观察
2. 初步感知植物生长与温度的关系

缘起

一天，球球对诺诺说："我爸爸昨天带我去了一个地方，那里有许多植物都住在白色的房子里，那房子可暖和了。"诺诺指着自然角里的植物说："那我们班级的小植物一定也喜欢暖和的地方。"

■ 第1步：老师准备材料

1 保鲜膜若干。

2 透明玻璃（或塑料）容器2个（尺寸约为24厘米×40厘米×10厘米）。

8 用相同宽度不同颜色的色块制成高度测量工具。

7 铁架子1个，尺寸要能容纳透明容器，且铁架子至少比容器高15厘米。

3 棉花若干。

4 喷水壶。

5 绿豆若干。

6 冰袋若干（每天用4袋，需每天更换）。

小提示

■ 建议选择较易发芽的植物种子进行种植，如赤豆、绿豆等。

6 植物与温度、湿度 65

■ **第2步：老师和孩子一起创设观察环境**

1
在两个透明容器内倒入清水，水位约2厘米高。

2
在一个容器里放入冰袋，在另一个容器的底部铺上一层棉花，再分别放入相同数量的绿豆进行水培种植。

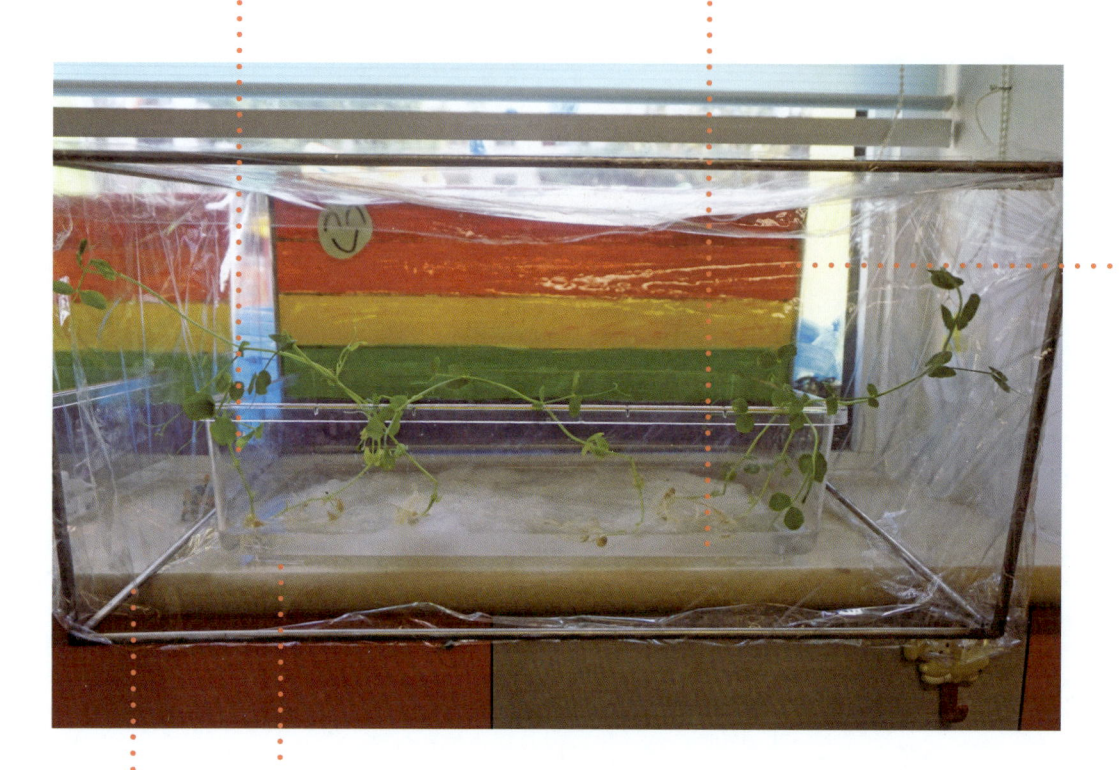

3
将自制的测量工具贴在2个透明容器的一侧。

5
将置于铁架中的种植容器和单独的种植容器放置在有阳光照射的地方。

4
用保鲜膜将铁架子的5个面包裹起来，仅留底面一处不包裹。从上往下盖在放有棉花的容器上，作为小暖房。

■ 第3步：在照顾自然角环节和自由活动环节，孩子可以个别或结伴观察

3
每隔3天，老师可以和孩子一起集中观察和讨论两种环境下绿豆的生长情况，依据绿豆芽的生长高度，在测量工具背景板的相应位置贴上笑脸标记，帮助孩子进行比较。

1
由当日值日生负责为2个种植容器换水。

2
由当日值日生负责每天更换冰袋，确保其中一个种植容器中的植物始终处于低温状态。

科学小知识	■ 温度是植物生长过程中不可缺少的外界条件之一。温室栽培是园艺作物的一种常用栽培方法，作用是保护喜温植物，帮助其御寒。用保暖、加温、透光等设备（如冷床、温床、温室等）和相应的技术措施，可以保护喜温植物，帮助其御寒、御冬或促使其生长和提前开花结果等。

6 植物与温度、湿度   **67**

菌菇的家

适用年龄：中班

科学目标
1. 预测与推断
2. 初步感知菌菇的生长与湿度之间的关系

缘起

室外活动时，一群孩子围在大树旁议论纷纷，"快看！这里有个白色的小蘑菇，好有趣啊！"涵涵一边说着一边用手摸着小蘑菇。"哇，好湿啊！""外婆说过，蘑菇就喜欢长在湿湿的地方。""真的吗？""应该是真的，我也不太清楚。"孩子们产生了疑问……

第1步：老师准备材料

1 白色泡沫箱6个（尺寸约35厘米×24厘米×23.5厘米）。用红、黄、蓝色即时贴分别在箱身外侧做标记，每种颜色2个箱子。

2 保鲜膜。

3 菌菇种植包6包（鸡腿菇、姬菇、秀珍菇各2包）。

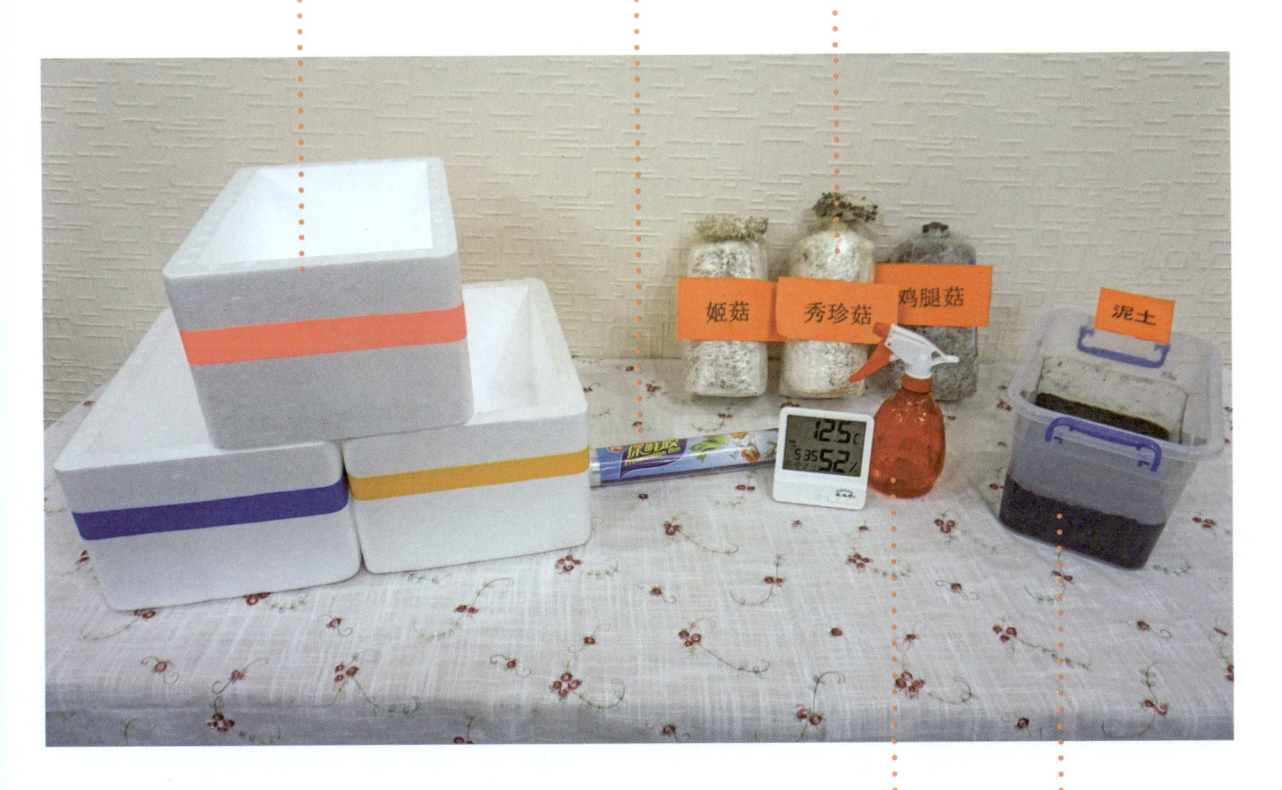

4 喷水壶。

5 营养土6袋。

6 自制的"菌菇乐园"观察记录板

第 2 步：老师和孩子一起创设观察环境

3
选择有红、黄、蓝色即时贴标记的泡沫箱各一个，在这 3 个泡沫箱的顶部分别覆盖一层透明保鲜膜；另 3 个泡沫箱则维持顶部敞开状态。

1
在每个泡沫箱底部铺上一层 15 厘米厚的营养土。

2
撕去菌菇种植包的包装，将同一品种的菌菇种植种在同一颜色标记的泡沫箱内。再往泡沫箱内喷 30 毫升左右的水，确保菌菇固定在土壤中。

小提示

- 菌菇发菌期间是不需要光照的，出菇期间有一定的散射光照即可。一定要避免阳光直射。

■ **第3步：在照顾自然角环节和自由活动环节，孩子可以个别或结伴观察**

1

老师可以引导孩子猜测：同一种类的菌菇在不同的环境下生长，哪一株会长得更好？让孩子将自己的猜测记录在记录板上。图中"1"代表覆膜种植的菌菇，"2"代表无膜种植的菌菇。

2

当日值日生每天为覆盖了保鲜膜的菌菇喷洒适量的水（喷水壶喷10下左右，使土壤湿润即可），每天早晚各喷一次。没有覆盖保鲜膜的泡沫箱，不要浇水。可以用图示进行标识提醒。

3

由值日生每隔3天观察一次两种环境中菌菇的生长情况，将生长情况用数字记录下来。图中将生长得更好的菌菇的数字代号记录在了记录板上。
观察记录板上的记录方式可以多样，老师可以和孩子一起商量确定，例如：可以选用照片呈现的记录方式，让孩子更清晰地比较菌菇的生长情况；也可以选用绘画或图表的记录方式，提高孩子表达交流的能力。

4

3周后，老师和孩子一起讨论观察记录的结果，孩子验证自己的猜测。老师引导孩子发现湿度与菌菇包生长的关系：菌菇在潮湿的环境下生长得更好。

科学 小知识	■ 菌菇属于真菌，全世界的菌菇约有2000多种。菌菇的生存环境包括温度、湿度、空气等。湿度是指环境中的含水量，种植菌菇时，一般湿度保持在55%至68%为宜。

6 植物与温度、湿度

暖 棚里的蚕豆　　　适用年龄：大班

科学目标
1. 猜测与推断
2. 感知植物的生长与温度之间的关系

缘起

诚诚看着自然角里奄奄一息的蚕豆苗，疑惑地问道："为什么这个蚕豆苗会枯萎呢？我们不是每天都给它浇水吗？"站在一旁的涵涵回应道："是不是因为天气太冷了，植物就都枯死了？如果把它放到温暖的地方，说不定它就会长得很好。"为了验证孩子们的猜测，便有了"暖棚里的蚕豆"这一实验。

■ 第 1 步：老师准备材料

1 营养土。

2 用 KT 板自制大刻度尺 4 把，以 5 厘米为刻度单位。

3 喷水壶。

4 手工纸、即时贴（蓝色和黑色）、塑料袋、细木棍、保鲜膜、透明胶带等美工物品。

5 1.25 升容量的可乐瓶 2 个。

6 数字温度计 4 个。

7 生蚕豆若干。

8 小刻度尺 4 把（可用现成的，也可自制，如用硬纸板印制）。

小提示

- 在植物的选择上，建议选择较容易发芽的植物种子进行种植，如蚕豆、赤豆、绿豆、花生等。
- 种植蚕豆时，可以事先把蚕豆浸泡一夜后再种植，以促进发芽。
- 可以让孩子一起参与种植，以提高他们对实验的兴趣。

6 植物与温度、湿度

■ 第2步：老师和孩子一起创设观察环境

1
将1.25升容量的可乐瓶横切为二（切口要光滑安全），取下半段的瓶身来用，分别用蓝、黑色即时贴包裹于切口边缘处作为标记。以同样的做法完成4个自制容器（蓝、黑色标记各2个）的制作。

2
在每个容器里倒入15厘米高的营养土，并放入相同数量的蚕豆进行种植。

3
选择一种颜色标记的容器，在容器的周围搭建暖棚，包裹住容器。可以收集并使用废旧材料进行搭建。

4
在每个种植容器边放上一个数字温度计。要将数字温度计放入暖棚中。

5
将自制的大刻度尺粘贴在墙面上，再在旁边投放手工纸、笔、小刻度尺以及红、黄色圆片标记，供孩子观察记录。

小提示

- 搭建暖棚前，老师可以和孩子一起讨论搭建暖棚的材料、样式和具体方法，并从中选择较好的方案与孩子共同尝试搭建。搭建时，除了用到幼儿园内已收集的废旧材料，也可以鼓励孩子收集家中合适的废旧材料来辅助搭建。

■ 第 3 步：在照顾自然角环节和自由活动环节，孩子可以个别或结伴观察

1
将孩子分为 4 组，各组认领一个种植容器，负责日常照顾与观察记录，在对应的大刻度尺上做数字标记。

2
老师引导孩子事先猜测：暖棚里的蚕豆和自然环境下的蚕豆，哪种蚕豆生长得更好？

3
各组负责将认领的蚕豆的生长高度和当时显示的温度记录下来，可以将观察结果写在即时贴上，再粘在对应大刻度尺的相应高度位置（与蚕豆苗生长高度一致）。

4
1 个月后，老师和孩子一起讨论观察记录的结果，孩子验证自己的猜测并由此发现温度与植物生长的关系——在一定温度范围内，气温越高，植物的生长速度越快。

小提示

- 关于如何记录，老师可以和孩子共同讨论与约定，如红色贴纸代表暖棚里的蚕豆、黄色贴纸代表自然环境下的蚕豆。各组根据观察到的蚕豆的生长情况，在大刻度尺上进行粘贴记录，即时贴上需同时记录下观察日期与温度。
- 蚕豆的生长需要一定的周期，老师可灵活掌握集体讨论的时机，如两组蚕豆的长势对比明显时，或大多数孩子有探究兴趣时，再组织集体分享。

7　有趣的昆虫

蝈蝈　　适用年龄：小班

科学目标
1. 观察
2. 观察发现蝈蝈的明显外形特征和食性特点

缘起

9月刚开学，点点就从家里拿来了一个装在竹笼里的小动物。一拿到教室里，孩子们好奇地围上去，点点介绍说："这个是蝈蝈，会唱歌的。"说着，正好蝈蝈叫了起来，孩子们开心地喊起来："蝈蝈真的叫了，真好听啊。"

■ 第1步：老师与孩子一起准备材料

1
每个孩子从家里带来1笼蝈蝈（每个竹编笼里1个蝈蝈）。

2
贴纸、彩纸、剪刀等美工材料和工具。

3
每个孩子的大头贴照片。

4
生毛豆（蝈蝈的食物）。

小提示

■ 9月，小班孩子刚入幼儿园，情绪都不是很稳定。让每个孩子从家里带一只蝈蝈来幼儿园，在幼儿园里和蝈蝈交交朋友，可以缓解他们对幼儿园的陌生情绪。

7 有趣的昆虫

■ 第2步：老师与孩子一起创设观察环境

1
在教室门口辟出一角，把孩子们带来的蝈蝈笼挂于墙上或放于桌面上，可以用一些自然物或其他材料做装饰，将生毛豆作为投喂的食物置于一旁。

2
在每个蝈蝈笼的下方悬挂一张卡片，在卡片上贴上蝈蝈笼所属的孩子的大头贴照片。

3
老师和孩子可以一起收集有关"蝈蝈"的故事书或科普童书，置于蝈蝈饲养区内，供孩子们阅读。

小提示

■ 饲养蝈蝈的时候要注意：蝈蝈是杂食性昆虫，不建议将它们放在一起饲养，避免相互伤害。

■ **第3步：在照顾自然角环节和自由活动环节，孩子可以个别或结伴观察**

1

孩子负责日常照顾自己的蝈蝈，可以一起听听、学学蝈蝈的叫声，用毛豆投喂蝈蝈。

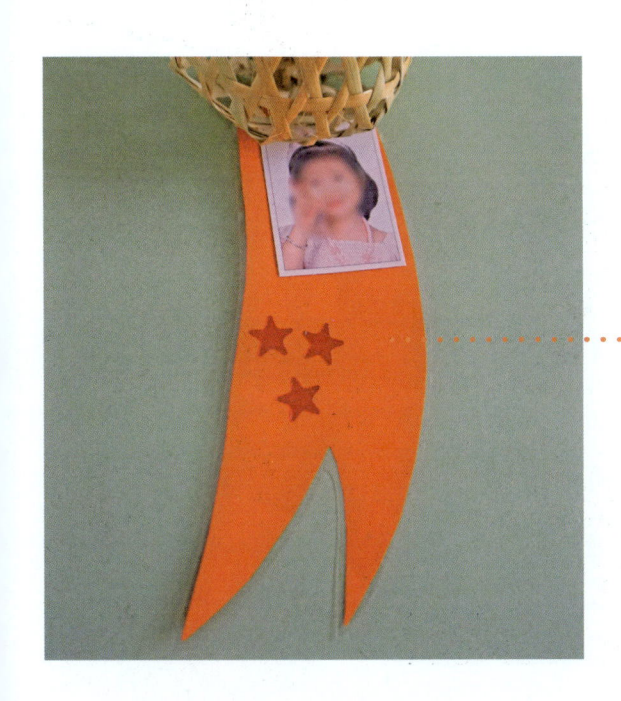

2

每周一次，老师可以和孩子一起聊聊他们对蝈蝈的观察与发现，读读与蝈蝈有关的故事，查查与蝈蝈有关的科普知识。集体讨论后，孩子可以在自己的蝈蝈卡片上粘上贴纸，代表对蝈蝈增进了一次了解。

科学小知识	■ 蝈蝈有着长长的触角、圆圆的大眼、粗大的腹部和强有力的后肢。雄虫的前翅互相摩擦，能发出清脆响亮的声音。所以，在南方它也被称为"叫哥哥"。夏天可用新鲜毛豆作为蝈蝈的主食，冬季可喂米粒、水果、肉糜等，以增强它的体质。夏季饲养避免让蝈蝈暴晒于阳光下，冬季饲养要注意为蝈蝈保暖。

7 有趣的昆虫　79

瓢虫

适用年龄：中班

科学目标
1. 观察、记录与交流
2. 观察发现瓢虫的明显外形特征

缘起

妞妞从家里带来了一本图画书《小瓢虫听见了什么？》，在自由活动时间，孩子们互相传阅、讨论着这个故事，都非常喜欢里面的小瓢虫，觉得故事里的小瓢虫太勇敢了。后面几天，孩子们对瓢虫的讨论仍然在继续……

■ 第1步：老师准备材料

1 不同种类的瓢虫。

2 现成的昆虫观察盒，或自制的观察瓶（在玻璃瓶口覆盖网纱）。

3 棉花团。

4 枯树叶若干。

5 积木若干。

6 放大镜

> **小提示**
>
> ■ 瓢虫的种类非常繁多，我们经常能在花园里发现不同种类的瓢虫。可以从颜色上对它们加以区别，有些是黄色，有些是橘色或红色；也可以从它们的体型来区别，有些体型瘦小，有些则较为粗壮。但识别的最好方法是观察它们虫体上的斑点，有些瓢虫有2个斑点，有些有9个斑点，有些有12个斑点，有些没有斑点。
>
> ■ 老师可以和孩子（在家长支持与带领下）分别从户外收集瓢虫，也可以直接从花鸟市场或网络上采购成虫。

7 有趣的昆虫　81

■ 第2步：老师和孩子一起创设观察环境

1
用各种积木玩具、枯树叶作为材料，围合出一处"小花园"环境。

2
老师和孩子一起把收集到的瓢虫分别放入自制的观察瓶或现成的昆虫观察盒内。可以在瓶内放上枯叶，营造出高低不平的环境。

3
老师投放若干瓢虫轮廓记录纸及绘画工具到"小花园"环境中，供孩子观察记录使用。

小提示

- 在自制的观察瓶内放入一个湿棉花球，以保持瓶内的湿度。再在瓶口盖上纱布，用橡皮筋扎紧。
- 在"小花园"环境的布置中可以持续增加孩子为瓢虫制作的作品，如绘画、折纸等。

■ **第3步：在照顾自然角环节和自由活动环节，孩子可以个别或结伴观察**

1
由当日值日生照顾瓢虫，投喂食物、清理容器。

2
孩子用放大镜观察瓶中的瓢虫。

3
孩子将观察到的瓢虫的外形特征（斑点数量，斑点颜色）画在记录纸上。

4
老师可以组织孩子集体讨论他们的观察发现和对瓢虫的了解。

小提示

- 在活动后期，可以引导孩子增加对瓢虫鞘翅的观察，用图画的形式在记录纸上表现出来。
- 老师可以利用自然博物馆、昆虫博物馆、网络、图书等方式与孩子和家长一起搜集关于瓢虫的信息，将相关资料、书籍投放在此区域供孩子阅读。可供参考的图画书有《小小达尔文之瓢虫的一生》、《昆虫运动会》等。

蟋 蟀　适用年龄：大班

科学目标
1. 观察、记录与交流
2. 观察发现蟋蟀的外形特征及生活习性

缘起

　　暑假归来，豆豆带了一只蟋蟀到幼儿园，她说这是她爸爸在老家那边的石头缝里抓到的。孩子们都围了上来说："这个虫子，好难看呀，黑黑的，好可怕。"豆豆却说："它本领可大了，会唱歌呢。我爷爷说他小时候还玩过'斗蟋蟀'的游戏。""真的吗？听着好像挺好玩呀。"孩子们对此充满了好奇。

■ 第1步：老师准备材料

1 蟋蟀罐1个。

2 平板电脑1台。

3 放大镜若干。

4 蟋蟀草若干。

5 蟋蟀网罩。

6 雄性蟋蟀若干。

7 现成的或自制的观察盒（瓶）若干。

8 录音笔（可选）。

| 科学 小知识 | ■ 蟋蟀穴居，常栖息于地表、砖石下、土穴中、草丛间，夜出活动。它是杂食性的，嚼食各种作物、树苗、菜果等。雄性蟋蟀好斗，相互之间经常会争斗，这主要是为了争夺有限的食物、生存空间和与雌性的交配权。 |

第 2 步：老师和孩子一起创设观察环境

1
在室内一角僻出"观蟋蟀"的区域，墙上张贴与蟋蟀相关的若干图画。

2
把蟋蟀分别放入观察盒（瓶）中饲养。

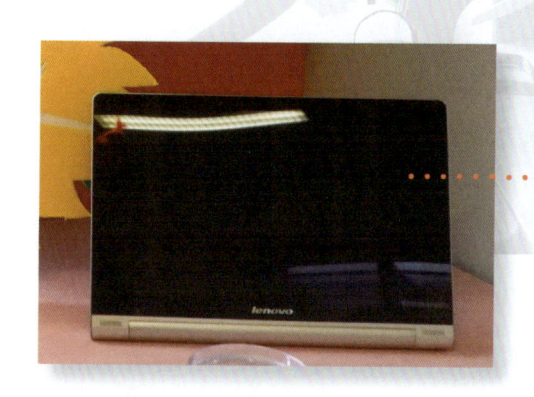

3
把有关民间斗蟋蟀的视频放入平板电脑中，供孩子播放观看。

小提示

- 蟋蟀一般情况下都是独立生活，不适合与别的蟋蟀住一起。
- 通过观看民间斗蟋蟀的视频，孩子可以了解"斗蟋蟀"这一拥有悠久历史的民间传统游戏。

第3步：在照顾自然角环节和自由活动环节，孩子可以个别或结伴观察

1
由当日值日生负责照顾蟋蟀，投喂食物、清理容器。

2
孩子可以用放大镜观察蟋蟀的外形特征（两根触角、三对足、一对尾毛），用绘画形式进行记录。

3
孩子可以在老师的协助下，用网罩将2只蟋蟀放到同一个容器（如蟋蟀罐）内。用蟋蟀草逗引蟋蟀在容器内"决斗"，观察蟋蟀发出叫声时的动作以及"决斗"时的动作。如果有条件，可以用录音笔等工具将观察发现以语音的方式录制下来，与同伴分享。
斗蟋蟀结束后，要及时分开蟋蟀并放回各自的容器内。

4
老师可以通过上网、翻阅书籍、去自然博物馆等途径收集关于蟋蟀的信息，也可以让孩子与家长一起参与，将图文或视频资料放入平台中供幼儿观看。

5
用录音笔录下孩子的观察描述后，要及时将录音笔对应的码图贴在背景板上，方便孩子相互交流分享。

科学小知识

- 蝈蝈、瓢虫、蟋蟀都是昆虫。昆虫种类繁多、形态各异，属于无脊椎动物中的节肢动物，是地球上数量最多的动物群体。

- 蟋蟀头圆、胸宽、触角细长，有着咀嚼式口器，有的因大颚发达而强于咬斗，各足跗节3对。雄虫前翅上有发音器，由翅脉上的刮片、摩擦脉和发音镜组成。前翅举起，左右摩擦，从而震动发音镜，发出音调。

- 斗蟋仅为雄性，它们为保卫自己的领地或争夺配偶权而相互撕咬。这种用蟋蟀相斗取乐的娱乐活动，流行于中国多数地区，于每年秋末举行。斗蟋的寿命仅为百日左右，这就将"斗蟋蟀"这种活动限定在了秋季，在古代汉字中，"秋"这个字正是蟋蟀的象形。

7 有趣的昆虫

8 贝类

拾趣　　适用年龄：小班

科学目标
1. 观察
2. 感知不同类型的晒干贝壳

缘起

在暑假里，有些孩子去海滩旅游了。开学后，他们将各种好看的贝壳带到幼儿园给其他小伙伴看。大家都对这种硬硬的、有着好看花纹的东西很感兴趣。孩子们告诉我这是他们去海滩旅游后拾回来的，他们都很喜欢。

第 1 步：老师和孩子一起准备材料

1
儿童用筷子、调羹及放大镜等工具若干。

2
老师和孩子一起收集不同形状、不同花纹的晒干贝壳。

4
松软的沙子，以能填满三分之二塑料箱为宜。

3
塑料箱或泡沫箱 1 个。

8 贝类　89

■ **第2步：老师和孩子一起创设观察环境**

1
将沙子倒入塑料箱或泡沫箱中，翻松沙子。

2
老师和孩子一起将收集的贝壳埋入沙子中。

小提示

■ 可以在此区域旁做海滩背景装饰，也可放置或悬挂一些贝壳装饰物。

■ **第 3 步：在照顾自然角和自由活动环节，孩子可以个别或结伴观察**

1
孩子日常可以使用筷子、调羹等工具从沙子里挖出贝壳。

2
孩子可以用放大镜仔细观察贝壳。

8 贝类　91

我们都有壳

适用年龄：中班

> **科学目标**
> 1. 观察
> 2. 发现田螺、蜗牛和淡水贝都有壳

缘起

开学初，豆豆从家中带来了一串贝壳项链，老师将这串贝壳项链放在了自然角中作为装饰。孩子们总是会在各种空闲的时间来这里看看美丽的贝壳项链，磊磊指着项链上的贝壳问："这个真好看，是什么呀？"孩子们对贝壳的问题越来越多，于是老师为自然角增加了一块区域……

■ 第1步：老师准备材料

1
透明容器3个（约8-10厘米深），上面分别贴有田螺、蜗牛和1种淡水贝的图案。

2
泥沙（足够在3个容器中铺满浅浅一层即可）。

3
水草若干。

4
田螺、蜗牛和1种淡水贝活物。

5
儿童用调羹、餐盘若干。

科学小知识

- 软体动物门是无脊椎动物中一个大的门类，其种类仅次于节肢动物。因这类动物大多具有一个石灰质的贝壳，所以又称为"贝类"。
- 田螺、蜗牛、淡水贝（如花蛤等）都属于贝类。

8 贝类　93

第 2 步：老师和孩子一起创设观察环境

1

老师和孩子一起用 KT 板及其他材料布置出一块"沙滩"环境。

2

老师和孩子一起收集晒干的贝壳，可以先将它们放在彩色餐盘上，然后布置于"沙滩"上，以便引起孩子的观察兴趣。

3

将分别饲养了田螺、蜗牛、淡水贝的 3 个容器（容器内铺有一层沙及 2-3 根水草）放置在"沙滩"周围。再将调羹放在容器周围，孩子可以用调羹从容器里捞起活物进行观察。

小提示

- 可以从水产市场或花鸟市场购入可淡水饲养的田螺、淡水贝和蜗牛。
- 购买时要了解饲养所需的条件和注意事项。

第3步：在照顾自然角和自由活动环节，孩子可以个别或结伴观察

1 由当日值日生负责照顾田螺、蜗牛和淡水贝。

2 孩子日常观察3种有壳的贝类动物的状态，可捞起并摸摸它们的壳。

3 孩子可以用各种感官探究置于环境中的晒干的贝壳，尤其重点观察和比较它们的颜色、花纹和外形的异同。

| 科学 小知识 | ■ "贝类"一词是对于有壳的软体动物的泛称，在生物学分类上包含双壳纲（双壳贝）、大部分的腹足纲（螺、蜗牛等）、多板纲（石鳖）和掘足纲（角贝）等。 |

■ 第2步：老师和孩子一起创设观察环境

1
布置出一处有层次的观察区，可以加上水底场景的背景装饰。

2
将透明容器放置在观察区内，容器上分别贴有贝类的图片，再在容器内分别铺一层沙、放2-3根水草，放入对应的贝类。

3
老师可以和孩子一起收集各种晒干的贝壳，放在彩色餐盘上，再装饰在周围。

小提示

■ 可以在此区域投放记录纸和笔，方便孩子在观察后及时记录。

■ 第3步：在照顾自然角和自由活动环节，孩子可以个别或结伴观察

1
由当日值日生负责照顾容器内的贝类。

2
在饲养区旁设置记录墙，孩子可以将自己观察到的贝类外壳的形状、花纹绘制下来，贴在对应的贝类标识下。还可以用筷子或调羹捞起贝类近距离观察与触摸。

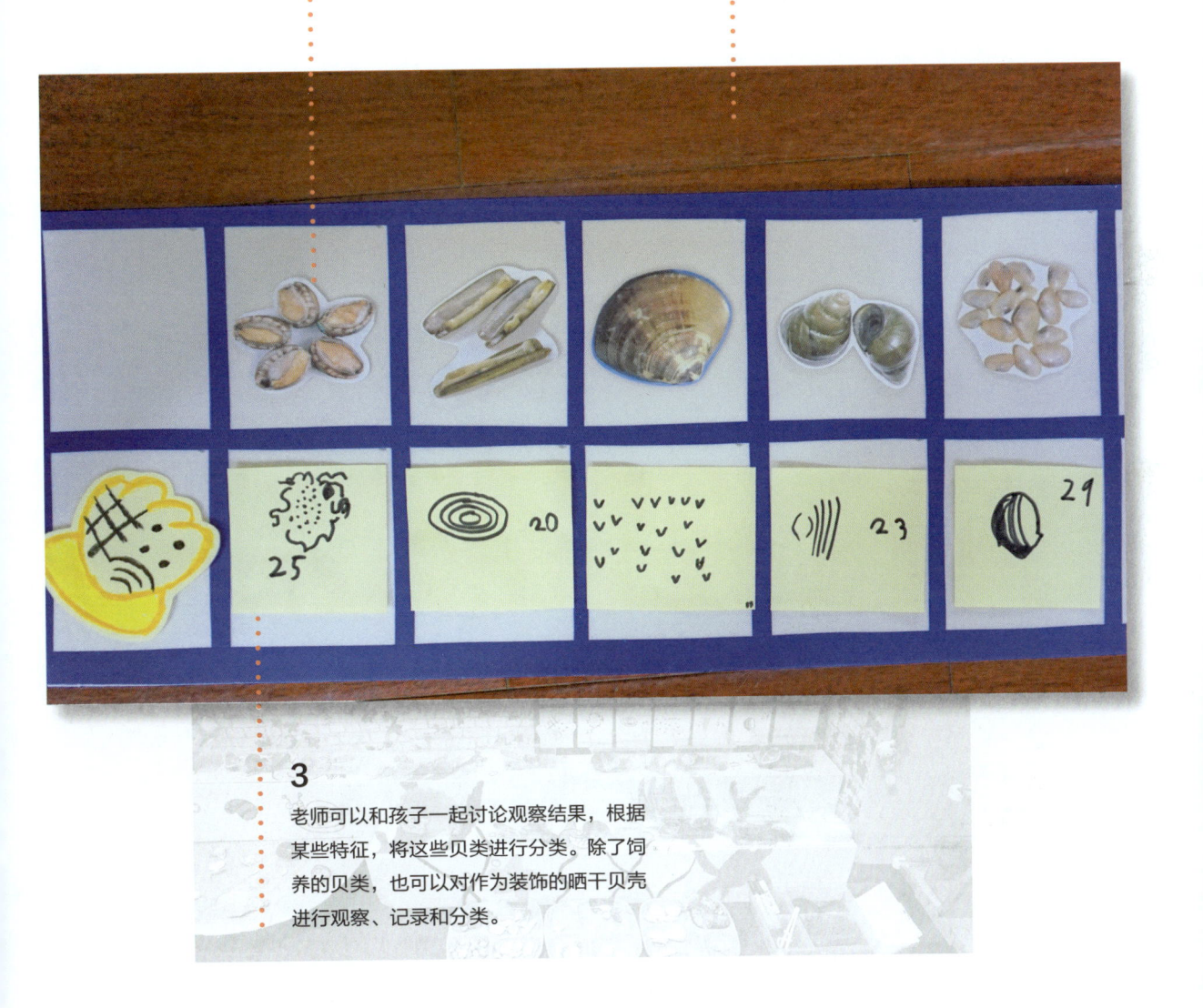

3
老师可以和孩子一起讨论观察结果，根据某些特征，将这些贝类进行分类。除了饲养的贝类，也可以对作为装饰的晒干贝壳进行观察、记录和分类。

8 贝类　99

金鱼

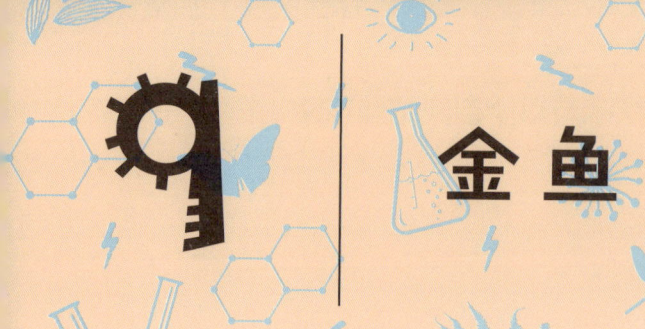

金鱼游游   适用年龄：小班

科学目标
1. 观察
2. 对饲养金鱼产生兴趣

缘起

轩轩带了一条小金鱼来幼儿园，孩子们围着小鱼看。婷婷说："快看，这条小鱼的尾巴好大呀！"果果接着说："还有，它的眼睛上有大泡泡。"……孩子们饶有兴趣地看着、讨论着。

■ 第1步：老师准备材料

1
不同品种的金鱼各2条（如狮子头金鱼、蝶尾金鱼、水泡金鱼）。

2
透明玻璃鱼缸3个，每个约25厘米×15厘米。

4
鱼食。

3
水草若干。

小提示

■ 每个鱼缸内不宜饲养过多的金鱼，否则容易因供氧不足而导致金鱼死亡。

9 金鱼

第2步：老师和孩子一起创设观察环境

1
将自来水静置一晚以去除其中的氯气。

2
将2条金鱼和水草放入1个鱼缸中。

3
可以在鱼缸中加入一些小沙砾来固定水草。

小提示

- 自来水里含有氯，对金鱼有危害作用，因此要把自来水放在阳光下晒一天后再倒入鱼缸，或者使用小苏打去除自来水中的氯气。
- 若有较大的鱼缸，也可以在缸内养3-4条金鱼。

■ **第3步：在照顾自然角和自由活动环节，孩子可以个别或结伴观察**

1
由当日值日生负责照顾金鱼。

2
老师可以引导孩子重点观察：不同种类的金鱼的外形和在水里游动姿态的异同。

科学小知识	■ 当太阳晒到鱼池(缸)时开始投食金鱼，下午三点以后就不适合投食了。11月以后，水温明显下降，金鱼的食欲有减退趋势，傍晚更不宜投食。 ■ 另外，投食时要注意天气。天晴气爽时，除早上投食外，午后如鱼食已吃完，可再少量投食。如天气阴而闷热，早上就应减少投食，特别是傍晚切忌投食。 ■ 换水的原则是少量多次，可以每天下午换一次水，替换掉原有水量的20%左右，方法是用小胶管将鱼缸里的金鱼排泄物和吃剩下的鱼食吸出，然后补进相同的水量就可以了。 ■ 随着气温的下降，水温也渐低，换水的时间间隔可适当延长，尽量采用"老水"饲养。冬季的养鱼水位也可比夏季的养鱼水位降低一些，这对增加金鱼代谢功能有促进作用。 ■ 金鱼喜欢吃活的红鱼虫，如果没有活鱼虫，可以用鱼虫干喂金鱼。若没有鱼虫，可以把小米煮开了花，用冷水漂洗一下，金鱼也很爱吃。 ■ 金鱼适合在20℃-28℃的温度范围内生活。若是在寒冷的冬日，要给金鱼足够的日照以保持水温。

9 金鱼　103

给鱼缸换水

适用年龄：中班

科学目标
1. 观察
2. 尝试使用虹吸式换水法为大鱼缸换水

缘起

某日上午，孩子们围着自然角中的鱼缸讨论了起来："鱼缸里面的水好脏呀！""是的，怎么没有换水呢？""鱼缸这么大，肯定很重的，老师也搬不动呢。""那就叫保安伯伯来换水吧！"孩子们的讨论引出了怎样给大鱼缸换水这个问题。

■ 第1步：老师准备材料

1
不同种类的金鱼若干。

2
大鱼缸1个。

3
鱼食。

4
虹吸式换水管。

5
水桶1个。

小提示

■ 鱼缸内不宜饲养过多的金鱼，容易因供氧不足而导致金鱼死亡。

■ 第2步：老师和孩子一起创设观察环境

1
在鱼缸中倒入水（先将自来水静置一晚以去除其中的氯气）。

2
再将金鱼、水草放入鱼缸中。

小提示

- 自来水里含有氯，对金鱼的鳃有危害作用，因此要先把自来水放在阳光下晒一天后再倒入鱼缸，或者使用小苏打去除自来水中的氯气。

■ **第3步：在照顾自然角和自由活动环节，孩子可以个别或结伴观察**

1
由当日值日生负责照顾金鱼。

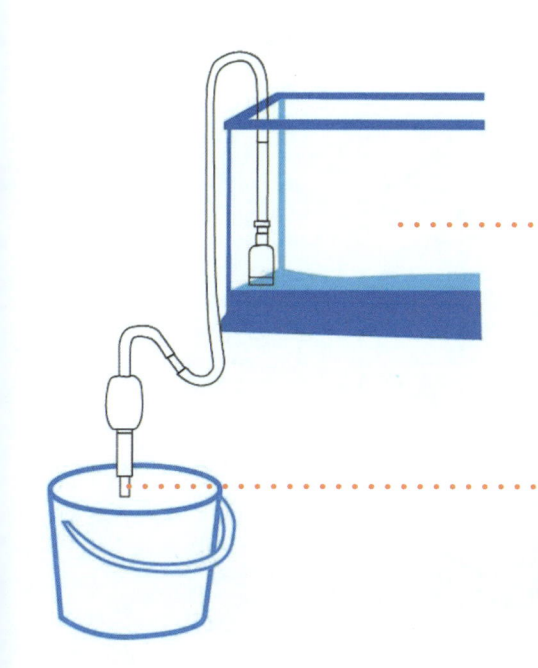

2
老师指导孩子用虹吸式换水法为大鱼缸换水。
虹吸式换水法：塑料长管注满水，中间不能有气泡，一端放入鱼缸，另一（出水）端暂时堵住，让出水端低于水面后（在此出水口下方放置1个水桶接水），再放开，即可自然形成虹吸。

3
老师引导孩子重点观察水管两头的位置（一高一低），再组织孩子集体讨论：虹吸式换水法的好处及操作时的注意事项。

小提示

■ 在孩子自己尝试并能熟练操作虹吸式换水法后，可由孩子尝试自己为大鱼缸换水。

金鱼的饲养日记

适用年龄：大班

科学目标
1. 观察、预测与推断
2. 发现最适合饲养金鱼的水是哪种

缘起

孩子们发现饲养在自来水中的金鱼"死了"。"我们喂过鱼食了呀？""水没有脏呀？""是不是还是水的问题呢？"于是，孩子们对水进行了讨论。

■ **第 1 步：老师准备材料**

1
两个种类的金鱼，每种各 5 条（如蝶尾金鱼、水泡金鱼各 5 条）。

2
5 种水，每种水各 1 箱。

3
小鱼缸 5 个。

自来水

自来水中放小苏打

矿泉水

水中有水草不换水

放置一天的自来水

4
虹吸式吸水管。

5
鱼食。

6
小苏打若干。

小提示

■ 虹吸式吸水管的使用方式见第 107 页。

第2步：老师和孩子一起创设观察环境

1

将5种水质（自来水、矿泉水、放置一天的自来水、放了小苏打的自来水、有水草的"老水"）分别倒入尺寸相同的5个小鱼缸中。

2

在5个鱼缸中分别放入1条蝶尾金鱼、1条水泡金鱼。

■ **第 3 步：在照顾自然角和自由活动环节，孩子可以个别或结伴观察**

1
老师引导孩子事先猜测：不同水质中金鱼的生存情况。

2
根据孩子的预测分为 5 组，各组负责照顾认领的鱼缸（水质）中的金鱼，日常观察金鱼的生存情况。

3
除了"水中有水草不换水"组，其余组需日常为鱼缸换水，更换的水质类型保持一致。可以使用虹吸式换水法为水缸换水。

4
老师和孩子一起根据日常观察的结果来推断讨论金鱼状态与其生活的水质之间可能的关联，从 5 种水质中找出最适合饲养金鱼的水。

小提示

■ 金鱼饲养注意事项参见第 103 页。

10 蟹

螃蟹横着爬   适用年龄：小班

科学目标
1. 观察
2. 发现螃蟹是横着爬行的

缘起

　　点点从家里带来了两只螃蟹壳，放在班级的自然角里作为装饰。丰丰和元元拿起螃蟹壳，边看边问点点："这个螃蟹是不是有好多腿呀？"点点回答："是的，是的，螃蟹有8条腿。""这么多腿，它怎么走路呢？""它的嘴巴是一条线吗？怎么吃东西呀？"丰丰提出了一连串疑惑……

■ 第 1 步：老师准备材料

1
螃蟹若干只。

2
投喂螃蟹的小鱼、小虾、小块肉。

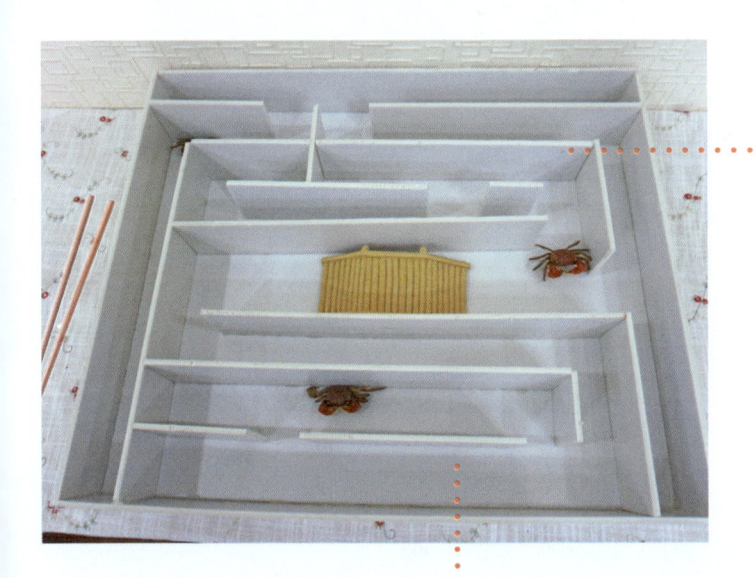

3
在大约尺寸为 60 厘米 × 60 厘米 × 10 厘米的盒子里，做出迷宫样式的隔断。

4
另准备没有迷宫样式隔断的大盒子 1 个。

■ **第 2 步：老师和孩子一起创设观察环境**

1

老师操作：将螃蟹分别放入大盒子以及有隔断的纸盒迷宫中。

2

孩子操作：将食物（小鱼、小虾、小肉块）放入大盒子以及纸盒迷宫中，投喂给螃蟹。

小提示

- 可以在一旁提供儿童用的筷子，便于孩子移动食物到盒内。要提醒孩子不能用手去拿螃蟹，以免被螃蟹夹到。
- 也可以为螃蟹布置更复杂的生活环境，如建造沙水池、铺设鹅卵石路等，观察螃蟹在不同环境中的爬行方式。

■ **第3步：在照顾自然角和自由活动环节，孩子可以个别或结伴观察**

1
在老师的带领下，孩子观察螃蟹在大盒子和自制纸盒迷宫中的爬行方式。

2
由当日值日生负责照顾螃蟹，投喂食物、清水。

3
老师可以和孩子一起讨论观察结果，发现螃蟹在两种纸盒环境中的爬行方式有什么异同。

科学小知识	
■	大部分螃蟹都是横着走的，它们如此特殊的行动方式与其身体构造有很大的关系。主要的原因是螃蟹的步足（即螃蟹用来走路的脚）由7个关节组成，这些关节只能上下活动，所以螃蟹也只能横着走。
■	另外，螃蟹横着走还与它胸部左右和前后跨度的对比有很大的关系。螃蟹的步足位于身体的两侧，它们胸部的左右跨度比前后跨度更大，也就是说它们身体的宽度比长度更大。所以，当它们在活动的时候，只能先弯曲一侧的步足来紧紧抓住地面，另一侧的步足向外伸展并在碰到地面后收缩，而这时原来弯曲一侧的步足就会伸直，这样看起来螃蟹就是横着走的。

螃蟹的大钳子

适用年龄：中班

科学目标
1. 观察、预测与推断
2. 发现蟹钳具有保护自己、攻击敌人的作用

缘起

午间休息时，孩子们正在观察自然角中的螃蟹。乐乐对冉冉说："你看，螃蟹的大钳子在抓呀抓，它是不是要吃东西呀？我们给它喂点吃的吧！""不对的，今天早上刚刚喂过。""它肯定又肚子饿了呀！"孩子们对螃蟹的大钳子产生了浓厚的兴趣，带着不少问题来问老师。

■ 第1步：老师准备材料

1
容量较大的鱼缸1个。

2
在鱼缸内铺上沙石，放上贝壳、石头等物品，营造出较为复杂的环境。

3
雄性招潮蟹2只。

4
筷子或小木棒。

| 科学
小知识 | ■ 招潮蟹最大的特征是雄蟹具有一对大小悬殊的螯，摆在前胸的大螯像是战士的盾牌，它会做出舞动大螯的动作，这个动作被称为"招潮"。|

10 蟹　117

■ 第2步：老师和孩子一起创设观察环境

1
将2只招潮蟹放入鱼缸中。

2
在鱼缸旁放置筷子或小棒。

小提示

- 提醒孩子在观察的时候注意安全，不要用手去触碰蟹。可以使用筷子或小棒来投喂食物、碰触蟹。

■ **第3步：在照顾自然角和自由活动环节，孩子可以个别或结伴观察**

1
老师引导孩子预先猜测招潮蟹的大钳子的作用。

2
孩子可以把自己的预测用绘画的形式表现出来，张贴在观察区内的墙面上。

3
由当日值日生负责照顾招潮蟹。
孩子日常观察重点：
（1）招潮蟹的大蟹钳的形状。
（2）招潮蟹夹取食物的方式。
（3）轻触招潮蟹后，其大钳子的反应。
再将观察到的结果用绘画的形式记录下来。

4
老师和孩子一起讨论他们的观察结果，推断招潮蟹的大钳子的作用。

| 科学 小知识 | ■ 螃蟹的螯（俗称蟹钳）是一种自卫和进攻的武器，自然状态下是不轻易用的。被螃蟹的蟹钳夹住了，说明它已经在使用武器自卫。 |

| 寄 | # 居 蟹 | 适用年龄：大班 |

> **科学目标**
> 1. 观察
> 2. 发现寄居蟹的生活习性

缘起

轩轩从海南旅游归来，把一只寄居蟹带到了幼儿园。孩子们对于这个"新朋友"非常好奇："为什么要叫它寄居蟹呀？""这个贝壳是长在它身上的吗？"

■ 第1步：老师准备材料

1
寄居蟹专用饲养容器1套，
内部铺有岩石、沙石。

2
寄居蟹。

3
比寄居蟹体形稍
大空螺壳若干。

小提示

- 寄居蟹及专用饲养器皿可以在花鸟市场或网上购入。
- 购入时要了解清楚饲养寄居蟹的注意事项。

■ 第2步：老师和孩子一起创设观察环境

1
将寄居蟹放置在专用饲养容器中。

2
将比寄居蟹体形稍大一些的替换壳放入饲养容器中。

小提示

- 饲养陆地寄居蟹时，一个专用容器中建议只养1-2只。
- 树皮、碎石、泥土不能作为容器内的底材（底材就是铺设在容器底部的东西），通常使用海沙或椰土。
- 饲养寄居蟹的容器内需要设置淡水盆和海水盆。供给寄居蟹使用的淡水要先进行脱氯处理。

第3步：在照顾自然角和自由活动环节，孩子可以个别或结伴观察

1
由当日值日生负责照顾寄居蟹，2-3天喂一次即可。

2
随着寄居蟹长大，会经常更换更大的贝壳居住。老师引导孩子对此进行重点观察，并可以和孩子一起讨论：寄居蟹为什么要换壳？是怎样换壳的？

| 科学小知识 | 寄居蟹主要生活在黄海及南方海域的海岸边，一般生活在沙滩和海边的岩石缝隙里。它们把螺壳当作天然的保护所，平时负壳爬行，受到惊吓会立即将身体缩入螺壳内。随着蟹体的逐渐长大，寄居蟹会寻找新的壳体来换壳。 |

11 乌龟

我的乌龟朋友

适用年龄：小班

科学目标
1. 观察、记录与交流
2. 发现乌龟的外形特征、食物以及爬行方式

缘起

开学了，程程带来了一只乌龟。他向伙伴们介绍说："这是我的好朋友，它叫蛋蛋。"一只有名字的乌龟立刻引起了其他孩子的关注。大家会时不时去看看蛋蛋，看看它有没有吃东西。老师把乌龟放到了自然角里最显眼的位置，以满足孩子们的观察需求。

第1步：老师准备材料

1 乌龟活动记录板，分为吃东西、游泳、晒太阳、休息4块。

2 低水位过滤器1个。

3 晒背灯1个。

4 彩色石头（用来铺满乌龟缸底部），白沙石（根据乌龟缸中的沙池的大小来确定量）。

6 小乌龟2只。

7 乌龟的食物（玉米、小麦、大豆、小米、稻谷、小鱼、小虾等）。

5 孩子的大头贴照片，每人1张。

科学小知识

- "乌龟"这个名称是孩子比较熟悉的，它其实是我国本土龟种"草龟"的雄性在性成熟后的一个别称，因为公草龟性成熟后有很大概率会变得乌黑。

- 一般习惯上将龟分为三类：水龟、半水龟和陆龟。水龟大部分时间都生活在水里，如常见的草龟、巴西龟等；半水龟一般生活在水边，同时可以在水边和陆地上觅食；陆龟基本就完全生活在陆地上了，所有陆龟都是保护动物，不能个人饲养。

11 乌龟　125

第2步：老师和孩子一起创设观察环境

3 把乌龟放入缸中。

4 选择一种食物放入缸内的食盒中。

1 将白沙石倒入乌龟缸内的休息区，将彩色石头倒入缸内的潜水区，再在潜水区位置倒入水。

2 在乌龟缸中安装好过滤器和晒背灯。

小提示

- 给潜水区倒水时，要注意水位，避免水溢到投食区或休息区内。

■ **第 3 步：在照顾自然角和自由活动环节，孩子可以个别或结伴观察**

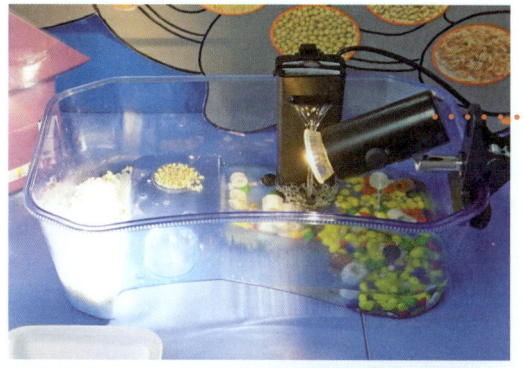

1

由当日值日生负责照顾乌龟。给乌龟投放食物时，每次只投放一种，每周更换一次投放的种类，以便于孩子观察。当食物浸水变潮湿后，需及时清理，更换新食物。

2

孩子日常观察乌龟在乌龟缸中活动的情况，按照观察到的内容将自己的大头贴照片插到对应的乌龟活动记录板上，或使用设备进行拍照，再由老师将照片打印出来后贴在记录板上。

3

孩子观察乌龟的外形特征（头部的特征、尾巴的长短以及脚趾的形态）、爬行方式（四肢交替，缓慢向前爬行）以及进食情况。触摸龟壳，感受龟壳的坚硬和龟壳上的纹路，观察乌龟被打扰时的反应。在孩子触摸乌龟时，老师要及时关注，提醒孩子仅接触龟壳部分，避免孩子被乌龟咬伤。

| 科学 小知识 | ■ 乌龟是杂食性动物，它食用的动物性食物包括各种淡/海水鱼类、软体动物、大型蛋类、水生昆虫以及各种禽畜和野生动物的肉等；植物性食物包括玉米、小麦、大豆、小米、稻谷、各类米面饼以及青饲料中的瓜果、蔬菜、水生植物等。 |

乌龟过冬

适用年龄：中班

科学目标
1. 观察、推断
2. 发现乌龟有冬眠的习性，推断适合乌龟冬眠的环境

缘起

天气转凉，孩子们发现自然角里的乌龟已经好几天不吃东西了，这让他们很担心，他们害怕乌龟生病了。有些孩子回家后在网上找到了答案，原来是乌龟要过冬了。于是，孩子们决定为教室里的乌龟创设一个适合冬眠的环境。

■ 第1步：老师准备材料

1 10升容量的长方形透明塑料箱3个。

2 泥土、沙子、椰土若干。

3 成年乌龟3只（建议龟背尺寸约在5厘米宽以上）。

| 科学小知识 | ■ 乌龟是变温动物，所以乌龟在冬天会冬眠，不过不同品种的乌龟进入冬眠的温度是不同的。一般情况下，乌龟在10℃以下水温就会进入冬眠状态。乌龟在冬眠时不需要过多的照顾，不宜被打扰，环境要保持湿润。|

11 乌龟　129

■ **第 2 步：老师和孩子一起创设观察环境**

1
孩子在老师的指导下，将泥土、沙子、椰土分别倒入 3 个饲养箱中，再加入清水混合。

2
由老师操作，将 3 只乌龟分别放到 3 个饲养箱中。

小提示

- 乌龟放入饲养箱前，需要经过一周的温水饲养，帮助乌龟排清肠道、促进消化，避免乌龟在冬眠时得肠道疾病。
- 在给 3 个饲养箱加水时，水面以超过泥土、沙子、椰土约 1 厘米为宜。

■ **第3步：在照顾自然角和自由活动环节，孩子可以个别或结伴观察**

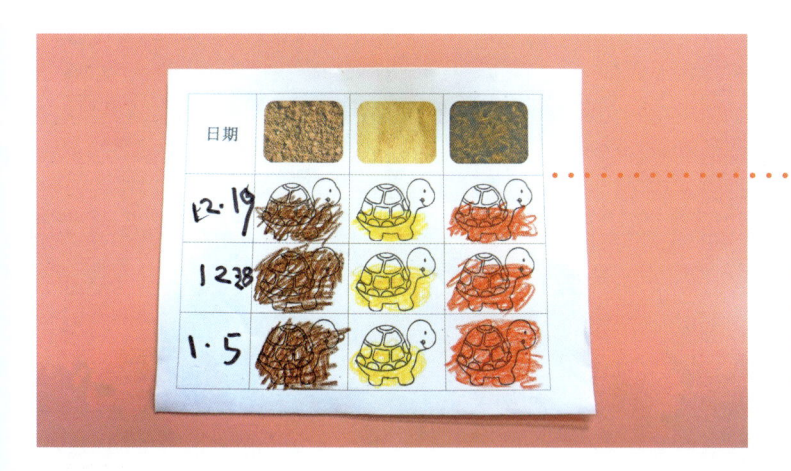

1

值日生每周重点观察乌龟一次，用涂色的方式记录乌龟钻入泥土、椰土和沙土的情况（身体慢慢埋入泥土、沙土或者椰土中）。值日生负责给椰土经常喷水，保持其湿润。

2

乌龟钻入泥土、沙土或椰土后，值日生记录下当日日期，用打钩的方式记录乌龟是在冬眠还是在活动状态。

科学 小知识	■ 与泥土相比，沙土较为干净，颗粒较细，适合体格较为强壮的乌龟。椰土松软、干净，便于乌龟钻入，但需要经常喷水以保持湿度。

11 乌龟

不冬眠的乌龟　　适用年龄：大班

科学目标
1. 观察、推断、记录与交流
2. 了解乌龟冬眠与水温之间的关系

缘起

昊昊新买了几只小乌龟放到班级里的乌龟缸中。在观察小乌龟时，昊昊对周围的小伙伴说："市场里的店老板说，小乌龟不能冬眠，这么小的乌龟冬眠很容易死掉的。"孩子们听后就着急了，想要找到帮助小乌龟安全过冬的方法。于是，大家开始为小乌龟营造一个适合过冬的家。

■ 第1步：老师准备材料

1
透明塑料乌龟缸2个（尺寸约40厘米×13厘米，包含休息区、喂食区和潜水区3个区域）

2
数字水温计2个。

3
加温棒1个。

4
晒背灯1个。

5
龟粮。

6
干净的泥土。

7
龟苗2只（背壳宽5厘米以下的小乌龟）。

8
成年乌龟2只（背壳宽5厘米以上的乌龟）。

9
白沙石（根据乌龟缸中的沙池尺寸来确定量）。

10
彩色石头（铺满乌龟缸底部）。

11 乌龟　133

■ **第 2 步：老师和孩子一起创设观察环境**

1

在老师的指导下，孩子取一个乌龟缸，将白沙石倒入乌龟缸的休息区，将彩色石头倒入潜水区，再在潜水区的位置倒入水。安装好过滤器和水温计，将龟粮放到食盒中。

2

在老师的指导下，孩子将泥土倒入另一个乌龟缸中，加入水，搅拌成稀泥状，水面要高于泥面 1 厘米。安装好水温计，将龟粮放到食盒中。

3

由老师操作，将龟苗放入装有加热器的乌龟缸中。

4

由老师操作，将成年龟放入混有泥土的乌龟缸中。

小提示

- 饲养过程中，饲养龟苗的乌龟缸的水温不可低于 20℃，避免小乌龟进入冬眠状态。
- 给潜水区倒水时，要注意水位，避免水溢到投食区或休息区内。
- 老师可以在观察区投放相关的书籍供孩子查阅，参考书目有《小小达尔文之长寿的乌龟》、《生命的故事（第 3 辑）：诞生了！乌龟》等。

第3步：在照顾自然角和自由活动环节，孩子可以个别或结伴观察

1
由当日值日生负责照顾不冬眠的小乌龟（龟苗）。投放食物之后，食物残余要及时清理，以免影响乌龟的健康。

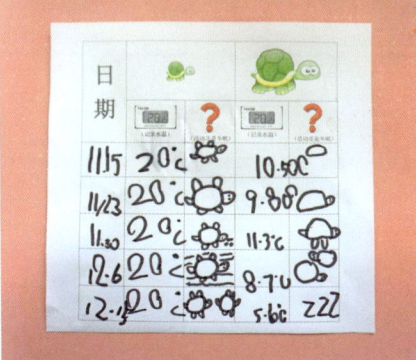

2
当日值日生每日观察并记录两个水温计所测得的水温以及2个缸中乌龟的活动情况（冬眠或者保持活动状态）。

3
当发现有乌龟进入冬眠后，将乌龟缸放到遮阳、无风、安静的环境中。并继续观察乌龟是否会苏醒，持续记录水温。

4
待冬眠的乌龟苏醒后，老师和孩子一起讨论，比较记录的数据，推断水温与乌龟冬眠的关系。孩子可以通过回家查询资料的方式，验证自己的推论。

科学小知识

■ 冬眠能够帮助乌龟减缓新陈代谢，延长寿命，利于繁殖，但是对于体质较弱的乌龟来说，冬眠可能会造成死亡，所以家养龟苗通常不选择用冬眠的方式过冬。当水温低于20℃后，乌龟会进入冬眠准备期，大量进食，储存脂肪，待水温低于10℃后彻底进入冬眠状态，所以我们可以通过将水温保持在20℃之上，达到避免龟苗进入冬眠的目的。

12 甲鱼

有趣的蛋宝宝

适用年龄：小班

科学目标
1. 观察
2. 发现常见蛋的外形特征

缘起

午餐时，体弱儿思思正在吃鹌鹑蛋。辰辰看到后说："这个我也吃过，我家里有的。"睿睿说："我家里也有，奶奶带我去菜场买的，我还看到菜场里有许多蛋。"诚诚说："我吃过咸鸭蛋。"憨憨说："我也吃过，是白白的。"就这样，孩子们对蛋产生了浓厚的兴趣，纷纷讨论了起来。

■ 第1步：老师准备材料

1
鸡蛋、鸭蛋、鹌鹑蛋、鸽蛋、受精甲鱼蛋若干（皆为新鲜的生蛋）。

2
录音笔（点读笔）与配套的点读本。

3
约43厘米×33厘米×24厘米的泡沫箱1个。

4
拉菲草填充物500克。

小提示

■ 蛋也可以由孩子从家庭中收集而来，更能引起孩子们对蛋的兴趣。因此，在收集蛋时，老师要做好对蛋品种的把控，请家长准备一些生活中常见的蛋，如鸡蛋、鸭蛋、鹌鹑蛋、鸽子蛋，以丰富孩子的认知。为了便于小班孩子携带，家庭提供的蛋建议都是已煮熟的蛋。

12 甲鱼

第 2 步：老师和孩子一起创设观察环境

1
在泡沫箱内放入厚度约 6 厘米左右的拉菲草填充物（可从网上购买），铺在泡沫箱底部以保护蛋。

2
在老师的指导下，孩子轻拿轻放，将各种生蛋放入泡沫箱内。

3
若请家长参与收集熟蛋，则将收集来的熟蛋分类放在小筐中，再布置在泡沫箱旁，便于孩子触摸感知。

4
将录音笔和点读本悬挂在泡沫箱旁的墙面上，孩子可以用语音的方式进行记录与交流。

小提示

■ 可以在观察区提供与蛋有关的故事书或科普书，供孩子阅读。

■ **第3步：在照顾自然角和自由活动环节，孩子可以个别或结伴观察**

1
老师引导孩子在泡沫箱里找找、摸摸、看看，通过视觉、触觉等多种感官去感知蛋的外形特征，还可以比较生蛋与熟蛋。
（1）生鸡蛋外形偏椭圆，颜色呈粉红、粉白色；
（2）生鸭蛋外形椭圆，颜色呈浅蓝、浅绿色；
（3）生鹌鹑蛋外形偏椭圆，个头小，蛋壳表面有褐色斑点；
（4）生鸽子蛋外形偏椭圆，表面光洁细腻，颜色呈白里透粉，个头比鸡蛋小；
（5）受精甲鱼蛋外形为圆形，个头小，颜色呈白色。
老师在引导孩子感知蛋时，需要提醒孩子在摸蛋时注意轻拿轻放，别将蛋敲碎或掉落。

2
孩子可以通过录音笔与点读本，分享各自的观察发现。

科学小知识	■ 蛋又名卵，为母体所产，其外有一层较坚硬的蛋壳。蛋壳上的颜色和花纹是一种保护色，让蛋能隐藏在所处环境中不被发现。例如，鸡把蛋产在草堆里，蛋的颜色接近草色；鸭把蛋产在水边，蛋的颜色接近水草；鹌鹑把蛋产在杂草和乱石中，因此蛋壳上有斑驳花纹。

12 甲鱼

甲鱼和乌龟 适用年龄：中班

科学目标
1. 观察与比较
2. 发现甲鱼与乌龟在外形特征上的异同

缘起

诚诚带了一个盛放着小动物的水缸来到教室里。他对好朋友佳佳说："我带了两只小乌龟过来照顾。"佳佳看了后皱了皱眉头："我觉得这个乌龟有点奇怪。"这么一说好几个孩子都围了过来："这个不是乌龟吧。""是乌龟呀，有壳。"孩子们七嘴八舌地讨论起来……

■ 第1步：老师准备材料

4
自制的观察记录板。

1
甲鱼1只。

2
玻璃缸2个。

3
乌龟1只。

小提示

- 老师可以先将孩子分为若干组，按小组数量准备相应的甲鱼、乌龟和玻璃缸。各组负责照顾认领的1只甲鱼或乌龟。
- 供孩子观察的甲鱼和乌龟的尺寸应较为相近，便于开展比较。

第 2 步：老师和孩子一起创设观察环境

1
在玻璃缸内盛放少量水，水位高度以不淹没乌龟或甲鱼背壳为宜。

2
将乌龟和甲鱼分别养在 2 个玻璃缸内，在玻璃缸上分别贴上甲鱼和乌龟的图片标识。

| 科学 小知识 | 甲鱼的甲要比乌龟的甲软，墨绿色，外形呈椭圆形，比龟甲更扁平。甲鱼的背腹甲上有着柔软的外膜，周围是细腻的裙边，头颈和四肢可以伸缩，前后肢各生五爪，爬行敏捷。从外形颜色上来看，甲鱼通常是背部和四肢呈暗绿色，有的是背部浅褐色，腹部白里透红。 |

■ **第3步：在照顾自然角和自由活动环节，孩子可以个别或结伴观察**

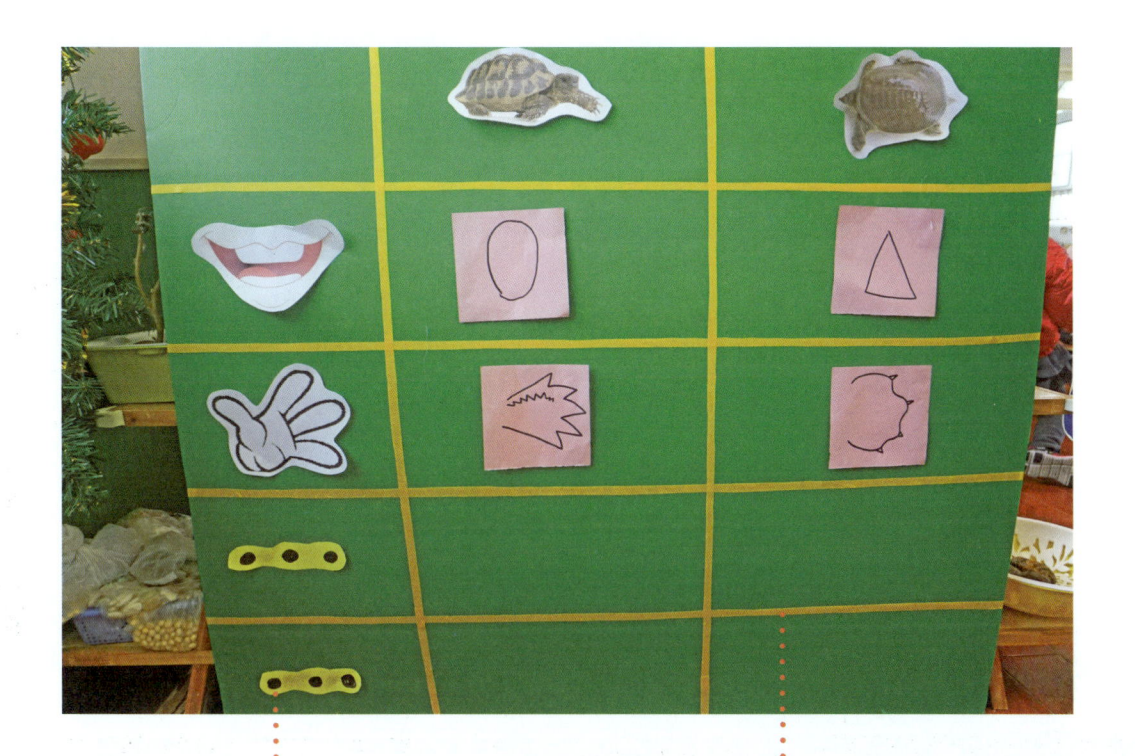

1
分组照顾各自认领的乌龟或甲鱼，并用绘画方式将观察到的甲鱼和乌龟外形的异同点记录下来呈现在展板上。

2
老师鼓励孩子用各种方式（查阅图书、在网上搜索等）收集乌龟与甲鱼的资料，并与孩子一起讨论。老师也可以将相关资料或科普图书投放在观察区内，供孩子阅读。

小提示

- 水温保持在20℃-30℃是饲养甲鱼的最佳温度范围。
- 乌龟与甲鱼在外形上的差异点由孩子自发观察生成，老师可以为孩子提供大致的观察方向。
- 老师可以引导孩子用简单的图形符号对观察进行记录。如果孩子在这方面有困难，老师可以帮忙绘制或引导他们使用点读笔等其他记录工具。

12 甲鱼

小甲鱼出壳

适用年龄：大班

> **科学目标**
> 1. 预测与推断、记录与表达
> 2. 观察小甲鱼的孵化过程

缘起

午休时分，孩子们聊了起来："昨天，爸爸带回来一些白色的、小小的蛋，还把它们埋在沙子里，听说能孵出小甲鱼。可神奇了！""孵小甲鱼？我从来没见过。""我也没见过。"热闹的聊天声吸引了许多孩子的围观。

■ **第1步：老师准备材料**

1
透明塑料缸2个。

2
可容纳透明缸的塑料箱2个。

3
彩笔，纸。

4
受精甲鱼蛋若干，孵化专用砂若干。

5
录音笔（点读笔）。

6
孩子的大头贴照片，每人1张。

小提示

- 孵化甲鱼蛋对温度的要求很高，最佳孵化温度为30℃至32℃，一般孵化时不能低于22℃或高于37℃，否则会引起胚胎死亡。若在秋冬天孵化，宜使用暖箱。
- 因为砂的湿度是决定孵化率的重要因素，一般选择不干不湿的砂子为宜。

12 甲鱼　145

第2步：老师和孩子一起创设观察环境

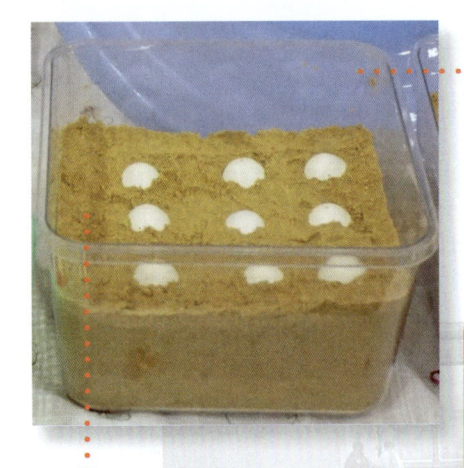

1
在透明塑料缸中分别放置厚度约5厘米左右的孵化专用砂。

2
每个孩子认领一个受精甲鱼蛋，用记号笔在上面写上学号，轻轻地放入透明缸中（蛋有白色端和粉色端之分，放置时需将白色端朝上，粉色端朝下），蛋与蛋之间保持一定的间隔。

3
将装有受精甲鱼蛋的透明塑料缸分别放置在塑料箱里。箱内倒水，水位高度低于透明缸，以便甲鱼孵出壳时能找到水源，不至于干死。

4
老师和孩子一起在墙面上制作时间轴样式的记录板，孩子可以将自己的观察用绘画的方式记录下来，并按时间顺序贴在时间轴上。

小提示

- 以时间轴样式进行记录的作用是让孩子建立起甲鱼孵化与时间序列之间的关联，有利于孩子了解甲鱼蛋孵化的全过程。除了绘画式记录，孩子也可以利用照片、语音等方式记录所发现的内容并呈现在记录板上。
- 时间轴记录的起始时间为投放受精甲鱼蛋的时间。

■ 第3步：在照顾自然角和自由活动环节，孩子可以个别或结伴观察

1
老师引导孩子预先猜测蛋小甲鱼是否会孵化出来，以引发孩子持续观察的兴趣。

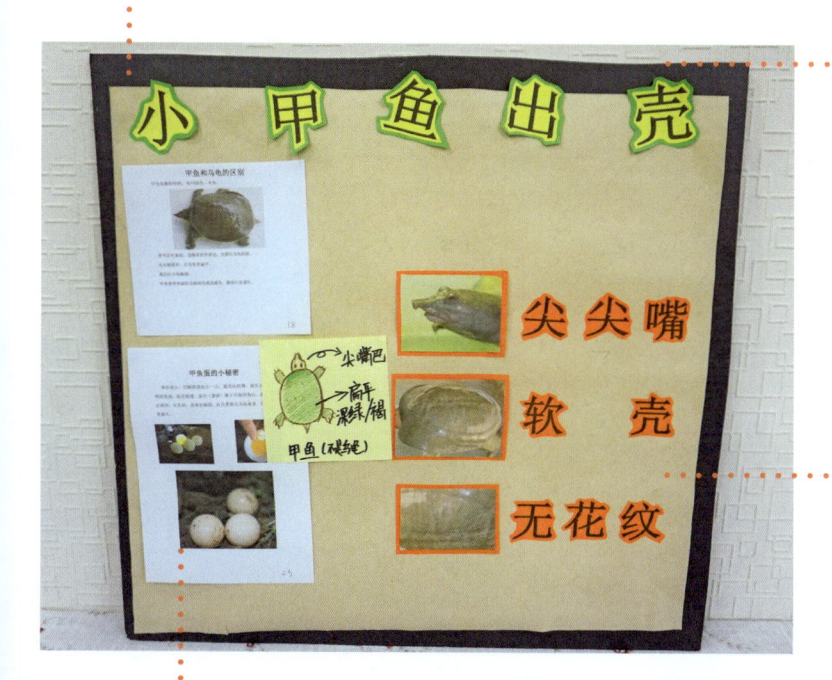

2
孩子可以每天观察、发现自己认领的蛋宝宝有没有变化，当发现有变化时，就在时间轴上做好相应的记录。
对于大班孩子来说，已具备较好的记录表征能力，此时老师应鼓励他们用图画、符号、数字等方式将自己的观察发现清楚地记录下来。

3
当甲鱼蛋成功孵化之后，老师可以组织孩子重点观察和讨论，再通过搜集资料的方法，验证蛋宝宝的身份是否与自己之前的猜测相一致。

4
待小甲鱼成功孵化后，老师可以邀请孩子搜集交流与小甲鱼生活习性相关的资料，为后续照顾好甲鱼做经验准备。

科学小知识

■ 母鳖下的鳖蛋，又称"甲鱼蛋"，分为受精蛋和未受精蛋。此实验中用到的是受精甲鱼蛋。受精甲鱼蛋的蛋壳薄、呈圆形。从受精到孵化一般需要35天左右。从网上购买的受精甲鱼蛋一般已经孵化过一段时间，当你发现蛋壳内略显红黑色时，说明离孵化破壳不远了。